L'adoration comme style de vie
Cours de Base de l'Ecole de Leadership

Église du Nazaréen

Région Méso-Amérique

Timothée Mckeithen, Luisa Zickefoose, Franlyn Peña

L'adoration comme style de vie

Livre de la série "École de Leadership"

Cours de Base

Auteur : Timoteo Mckeithen

Co-Auteurs : Luisa Zickefoose, Franlyn Peña Ortiz, Karla Alejandra González Berumen, Juan Manuel Rodríguez Pineda

Éditeur d'espagnol: Dr. Mónica E. Mastronardi de Fernández

Éditeur de français: Rev. Monte Cyr

Traducteur: Jeudi Dezama

Reviseur: Enel jean Joseph

Cette édition est publiée par les Ministères de la Formation de Disciples - Région Mésoamérique Eglise du Nazaréen

Rev. Monte Cyr

www.MedfdiRessources.MesoamericaRegion.org

discipleship@mesoamericaregion.org

Copyright © 2022 - Tous droits réservés

ISBN: 978-1-63580-302-0

L'autorisation est accordée pour copier ou / et photocopier les leçons. Ces droits ne sont autorisés que pour l'utilisation dans les églises locales et non à des fins commerciales.

Toutes les citations sont tirées de la nouvelle version Louis Segond 1910 par la Société biblique internationale, sauf indication contraire.

Conception : JMF Conception (jmfdesign@gmail.com)

Image de couverture par Erica Marshall

Utilisé avec autorisation (Creative Commons).

Impression digitale

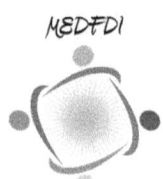

Index des leçons

Leçon 1	Qu'est-ce que l'adoration ?	9
Leçon 2	L'adoration dans l'Ancien Testament	17
Leçon 3	L'adoration dans le Nouveau Testament	25
Leçon 4	L'adoration comme style de vie	33
Leçon 5	L'adoration de la congrégation	41
Leçon 6	Le Saint-Esprit et l'adoration	49
Leçon 7	L'administration en tant qu'acte d'adoration	57
Leçon 8	Fondations culturelles de l'adoration	65

Présentation

La collection de livres **d'École de Leadership** a été conçue dans le but de fournir un outil à l'église pour l'éducation, la formation et l'entrainement de ses membres afin de les intégrer activement au service chrétien selon les dons et l'appel (vocation) qu'ils ont reçu de leur Seigneur.

Chacun de ces livres fournit du matériel d'étude pour un cours du programme de **l'École de Leadership** offert par les institutions théologiques de la région Mésoamérique de l'Église du Nazaréen. Ce sont: IBN (Cobán, Guatemala); STN (ville de Guatemala); SENAMEX (Ville du Mexique) et SENDAS (San José, Costa Rica); SND (Saint-Domingue, République dominicaine) et SETENAC (La Havane, Cuba). Un bon nombre de dirigeants de ces institutions (recteurs, directeurs, vice-chanceliers et directeurs des études décentralisées) ont participé activement à la conception du programme.

L'École de Leadership a cinq cours de base, communs à tous les ministères, et six cours spécialisés pour chaque ministère, à l'issue desquels l'institution théologique respective accorde à l'étudiant un certificat (ou diplôme) en ministère spécialisé.

L'objectif général de **l'École de Leadership** est: « collaborer avec l'église locale dans le soin des saints pour le travail du ministère cimenter en eux un savoir théologique biblique et les développer dans l'exercice de leurs dons pour le service dans leur congrégation locale et dans la société. » Les objectifs spécifiques de ce programme sont au nombre de trois:

- Développer les dons du ministère de la congrégation locale.
- Multiplier les ministères de service au sein de l'église et la communauté.
- Eveiller la vocation à une pastorale professionnelle diversifiée.

Nous remercions le Dr Mónica Mastronardi de Fernández pour son dévouement en tant que rédactrice général en chef du projet, les coordinateurs régionaux des ministères et l'équipe d'écrivains et designers qui ont collaboré à ce projet. Nous sommes également reconnaissants aux enseignants et éducateurs qui partageront ces matériaux. Eux et elles feront une différence dans la vie de milliers de personnes dans toute la Région Méso-Amérique.

Enfin, nous ne pouvons pas rater de remercier le Dr L. Carlos Sáenz, directeur régional MAR, pour son support permanent dans cette tâche, en raison de sa conviction de la nécessité prioritaire d'une église entièrement équipée.

Nous prions pour la bénédiction de Dieu pour tous les disciples dont la vie et le service chrétien sera enrichi par ces livres.

Dr. Ruben E. Fernandez
Coordonnateur de l'Éducation et du Développement Pastoral
Région de la Méso-Amérique

Qu'est-ce que l'École de Leadership?

L'École de Leadership est un programme d'éducation pour les laïcs dans différentes spécialités ministérielles pour les impliquer dans la mission de l'église locale. Ce programme est administré par les institutions théologiques de l'Église du Nazaréen dans la région Méso-Amérique et transmis à la fois à leur siège et dans les églises locales enregistrées.

À qui s'adresse l'École de Leadership?

Pour tous les membres en pleine communion des Églises du Nazaréen qui, ayant participé aux niveaux B et C du programme de la formation de disciple, ils souhaitent de tout cœur découvrir vos dons et servir Dieu dans son œuvre.

Un Parcours de Grâce

Dans l'Église du Nazaréen, nous croyons que faire des disciples à l'image du Christ dans les nations est le fondement de l'œuvre missionnaire de l'Église et la responsabilité de sa direction (Éphésiens 4: 7-16). Pour cela, au niveau mondial, la mise en œuvre du discipulat progressif est promue sous la devise "Un parcours de grâce" (Jean 14: 6), un style de vie de discipulat. L'école de Leadership fait partie de la section Grâce Sanctifiante, et est conçue pour ceux qui ont a traversé les sections de la grâce prévenante et de la grâce salvatrice du chemin du discipulat.

UN PARCOURS DE GRÂCE

LA GRÂCE PRÉVENANTE	LA GRÂCE SALVATRICE	LA GRÂCE SANCTIFIANTE		
"Je suis le chemin"	*"Je suis la vérité"*	*"Je suis la vie"*		
Dieu prépare le chemin devant nous. Il tend la main et nous fait signe vers lui, nous entraînant dans une relation plus profonde avec lui. Cette grâce précède notre réponse et en même temps permet notre réponse.	Jésus nous sauve du péché et il nous conduit à la vérité … la vérité qui nous libère. Nous recevons le don de la grâce salvatrice en croyant en dieu. Il nous rachète, fait de nous une nouvelle création et nous adopte dans sa famille.	Le saint-esprit nous donne la force de vivre pleinement consacrée à dieu. La grâce sanctifiante commence au moment où nous expérimentons le salut. Mais cela est suivi d'une croissance spirituelle dans la grâce, jusqu'à ce que, dans un moment de pleine consécration et d'abandon complet de notre part, dieu purifie et lave le coeur.		
		Chrétien Mature		
		CROISSANCE EN SAINTETÉ De l'adhésion à l'entière sanctification et engagement au service et au ministère	**DÉVELOPPEMENT MINISTÉRIEL** Découverte de la vocation, développement de dons et des talents. École du Leadership	**ÉDUCATION POUR LA VIE ET LE SERVICE** Croissance intégrale à la ressemblance du Christ
Non Chrétien	*Nouveau Chrétien*		**DÉVELOPPEMENT PROFESSIONNEL** Formations spécialisées dans les institutions théologique	
APPROCHE Évangélisme	**BAPTÊME ET ADHÉSION** Discipulat pour les nouveaux Chrétiens			

Le travail de disciple est continu et dynamique, c'est-à-dire que le disciple ne cesse de grandir à la ressemblance de son Seigneur. Ce processus de développement, lorsqu'il est sain, se produit dans toutes les dimensions: dans la dimension individuelle (croissance spirituelle), dans la dimension de sainteté de vie (transformation progressive de notre être et de notre faire selon le modèle de Jésus qui est le Christ) et en la dimension du service (investir la vie dans le ministère).

Dr. Monica Mastronardi de Fernandez
Rédacteur Général des Livres de l'École de Leadership

Comment utiliser ce livre?

Ce livre que vous tenez est pour le cours d'introduction: Découvrir ma vocation dans le Christ, du programme d'École de Leadership. L'objectif de ce cours est d'aider les membres des églises du Nazaréen de découvrir leurs dons et leur vocation ministérielle, et en même temps les encourager à s'inscrire à l'École de Leadership afin de s'équiper pour servir le Seigneur dans leur église locale.

Comment le contenu de ce livre est-il organisé?

Chacune des huit leçons de ce livre contient les éléments suivants:

> **Les objectifs:** Ce sont les objectifs d'apprentissage que l'élève est censé atteindre en terminant l'étude de la leçon.

> **Les idées principales:** Il s'agit d'un résumé des principaux enseignements de la leçon.

> **Le développement de la leçon:** Il s'agit de la section la plus complète car il s'agit du développement du contenu de la leçon. Ces leçons ont été écrites en pensant que le livre est l'enseignant, de sorte que son contenu est exprimé de manière dynamique, dans un langage simple et connecté avec les idées du monde contemporain.

> **Notes et commentaires:** Les tableaux en marge visent à clarifier les termes et fournir des notes qui complètent ou étendent le contenu de la leçon.

> **Questions:** Parfois, des questions sont incluses dans la marge que l'enseignant peut utiliser pour introduire, appliquer ou renforcer un thème de leçon.

> **Qu'avons-nous appris?:** Dans un encadrement qui apparaît à la fin du développement de la leçon, on a fourni un bref résumé de ce qui a été appris.

> **Activités:** Il s'agit d'une page à la fin de chaque leçon qui contient des activités d'apprentissage individuel ou en groupe lié au sujet étudié. Le temps estimé pour son achèvement en classe est de 20 minutes.

> **Évaluation finale du cours:** Il s'agit d'une feuille insérée dans la dernière page du livre et qui une fois terminée, l'étudiant doit séparer le livre et le remettre au professeur du cours. La durée estimée de cette dernière activité de renforcement est de 15 minutes.

Combien de temps dure le cours?

Ce livre a été conçu pour que le cours puisse être enseigné selon des différentes modalités:

En cours de 8 sessions:

Au total, 12 heures de cours face à face sont nécessaires, réparties en 8 séances de 90 minutes. Les jours et les heures seront coordonnés par chaque institution théologique et chaque église ou centre local d'études. Dans cette heure et demie, l'enseignant doit inclure le temps pour les activités contenues dans le livre.

En atelier de 3 sessions:

- Session plénière de 90 minutes (leçon 1).
- Six ateliers de 90 minutes chacun. Les participants assistent à l'un de ces ateliers selon leurs dons les plus dominants (leçons 2 à 7).
- Dernière séance plénière de 90 minutes (leçon 8).

Exemple de répartition du temps de l'atelier d'un samedi:

Atelier: Découvrir votre vocation dans le Christ

8:00am	Inscription
8:30 à 10:00 am	Plénière: Découvrir vos dons spirituels
10:00 à 10:30 am	Pause
10:30 à 12:00 pm	Ateliers sur les spécialités ministérielles
12:00 à 1:00 pm	Déjeuner.
1:00 à 2:30 pm	Plénière. Quel est mon rôle dans le Corps du Christ?
2:30 à 3:00 pm	Pause
3:00 à 4:00 pm	Présentation de l'École de leadership et préinscription aux cours de base

Quel est le rôle de l'étudiant?

L'étudiant est responsable de:

1. S'inscrire au cours à temps.
2. Acquérir le livre et étudier chaque leçon avant le cours de face à face.
3. Assister aux cours ponctuellement.
4. Participer aux activités de classe.
5. Participer à la pratique du ministère à l'église locale en dehors de la classe.
6. Compléter l'évaluation finale et la remettre à l'enseignant.

Quel est le rôle de l'enseignant du cours?

Les professeurs des cours de l'École de leadership sont des pasteurs et des laïcs engagés dans la mission et le ministère de l'Église et de préférence qui ont l'expérience du ministère qu'ils enseignent. Ils sont invités par le directeur de l'école de leadership de l'église locale (ou de l'institution théologique) et ses fonctions sont:

1. Se préparer à l'avance en étudiant le contenu du livre et en programmant l'utilisation du temps en classe. Pendant que vous étudiez la leçon, vous devriez avoir la Bible et un dictionnaire à portée de main. Même si dans les leçons un vocabulaire simple est utilisé, il est recommandé de "traduire" ce qui est considéré difficile de comprendre les élèves, c'est-à-dire de mettre la leçon dans la langue qu'ils et elles comprennent mieux.

2. Assurez-vous que les élèves étudient le contenu du livre et atteignent les objectifs d'apprentissage.

3. Planifier et accompagner les étudiants dans les activités de pratique du ministère. Ces activités doivent être programmées et planifiées avec le pasteur local et le principal du ministère respectif. Pour ces activités, le temps ne doit pas être déduit des cours de face à face.

4. Garder à jour les constances et les notes sur le formulaire de rapport de classe. La moyenne finale sera le résultat de ce que l'étudiant montre dans ces activités suivantes:

    a. Travail en classe

    b. Participation à la pratique ministérielle en dehors de la classe.

    c. Évaluation finale

5. Rassembler les feuilles "Évaluation", les remettre avec le formulaire "Rapport de classe" au moment de finaliser le cours auprès du directeur de l'école de leadership locale, ceci après avoir évalué, fermer les moyennes et vérifier que toutes les données sont complètes dans le formulaire.

6. Les enseignants ne doivent pas ajouter de devoirs d'étude ou de lectures en dehors du contenu du livre. S'ils doivent faire preuve de créativité dans la conception des activités d'apprentissage en classe et dans la planification des activités du ministère en dehors de la classe en fonction de la réalité de son église local et son contexte.

Comment enseigner à une classe?

Il est recommandé d'utiliser les 90 minutes de chaque cours de face à face comme suit:

- **5 minutes:** Faites un lien avec le sujet de la leçon précédente et prier ensemble.

- **30 minutes:** Révision et discussion du développement de la leçon. Il est recommandé d'utiliser un croquis imprimé, un tableau noir ou du papier cartonné ou autre disponible, utiliser la dynamique des aides d'apprentissage et visuelles telles que des graphiques, des dessins, des objets, des images, des questions, demander aux élèves de présenter des parties de la leçon, etc. Non recommandé d'utiliser le discours ou demander à l'enseignant de relire le contenu de la leçon.

- **5 minutes:** Pause en milieu de classe ou quand il est pratique de créer un intervalle.

- **20 minutes:** Travaille sur les activités du livre. Cela peut être fait au début, au milieu ou à la fin de l'examen, ou vous pouvez terminer les activités au fur et à mesure de leur progression dans les sujets et de leur relation avec eux.

- **20 minutes:** Discussion sur la pratique ministérielle qu'ils ont faite et ce qu'ils auront. Au début du cours, les étudiants doivent se voir présenter le programme de la pratique du cours pour eux de prendre des dispositions pour y assister. Dans les classes où parler de la pratique qu'ils ont déjà pratiquée, la conversation doit être dirigée pour que les élèves partagent ce qu'ils ont appris; à la fois de leurs succès et de leurs erreurs, ainsi que les difficultés qui ont surgi.

- **10 minutes:** Prière pour les problèmes découlant de la pratique (défis, personnes, problèmes, objectifs, gratitude pour les résultats, entre autres).

Comment faire l'évaluation finale du cours?

Accordez 15 minutes de temps aux étudiants de la dernière classe du cours. Si cela était nécessaire pour eux et ils peuvent consulter leurs livres et Bibles. Les évaluations finales ont été conçues pour être une activité de renforcement de ce qui a été appris au cours et non une répétition de mémoire du contenu du livre. Ce qui est proposé avec cette évaluation est de mesurer la compréhension et appréciation de l'étudiant envers les sujets abordés, sa croissance spirituelle, son progrès dans l'engagement à la mission de l'église locale et avancement dans l'expérience ministérielle.

Des activités de la pratique ministérielle

Les activités suivantes sont suggérées pour la pratique ministérielle en dehors de la classe. Dans la liste ci-dessous, plusieurs idées sont incluses pour aider les enseignants, les pasteurs, le directeur local de l'école de leadership et les directeurs locaux du ministère. Parmi ceux-ci, vous pouvez choisir ceux qui conviennent le mieux à la réalité contextuelle et le ministère de l'église locale ou ils peuvent être remplacés par des autres selon les besoins et les possibilités.

Il est recommandé d'avoir au moins trois activités ministérielles Il est recommandé d'avoir au moins trois activités ministérielles par cours. Vous pouvez mettre toute la classe à travailler sur le même projet ou assigner des tâches en groupes selon leurs intérêts, dons et capacités. Il est conseillé d'impliquer les étudiants dans une variété d'expériences de ministère qui sont nouveaux pour eux.

Des activités ministérielles suggérées
L'adoration comme style de vie

1. Intégrer les élèves dans un comité de travail pour organiser un service de culte avec l'accent sur la Repas du Seigneur, le Baptême, la consécration des enfants, la guérison ou autre.

2. Pour les étudiants qui font partie du ministère de louange : Faire la planification de la chorale pour des services selon les thèmes des sermons ou les accents d'un mois.

3. Faire une enquête pour évaluer les services de culte de l'église afin de connaître l'opinion de la congrégation et ainsi améliorer les services.

4. Préparer un service de culte spécial, en utilisant des instruments et des rythmes typiques de votre pays, avec dans le but de valoriser les ressources de leur culture.

5. Préparer une pièce de théâtre avec les adolescents ou les jeunes de l'église pour enseigner aux enfants l'importance de participer aux services religieux de l'église.

6. Organiser un mois avec des semaines de concentration sur les disciplines spirituelles afin d'impliquer toute la congrégation dans la pratique de certaines disciplines telles que la prière, le jeûne, la visite des malades, partageant avec ceux qui sont dans le besoin, entre autres.

7. Avec les étudiants qui assistent aux activités de la Jeunesse Nazaréenne Internationale et du conseil de la même, développer un projet pour programmer des services avec des thèmes spécifiques pour un trimestre, un semestre ou un an.

8. Préparer une peinture murale de nature formative dans laquelle, à travers la créativité artistique, ils communiquent les principes de l'adoration et le véritable mode de vie de l'adorateur.

9. Faire des signets pour les Bibles avec des textes bibliques qui enseignent les principes d'adoration comme style de vie à distribuer à la congrégation ou à un groupe.

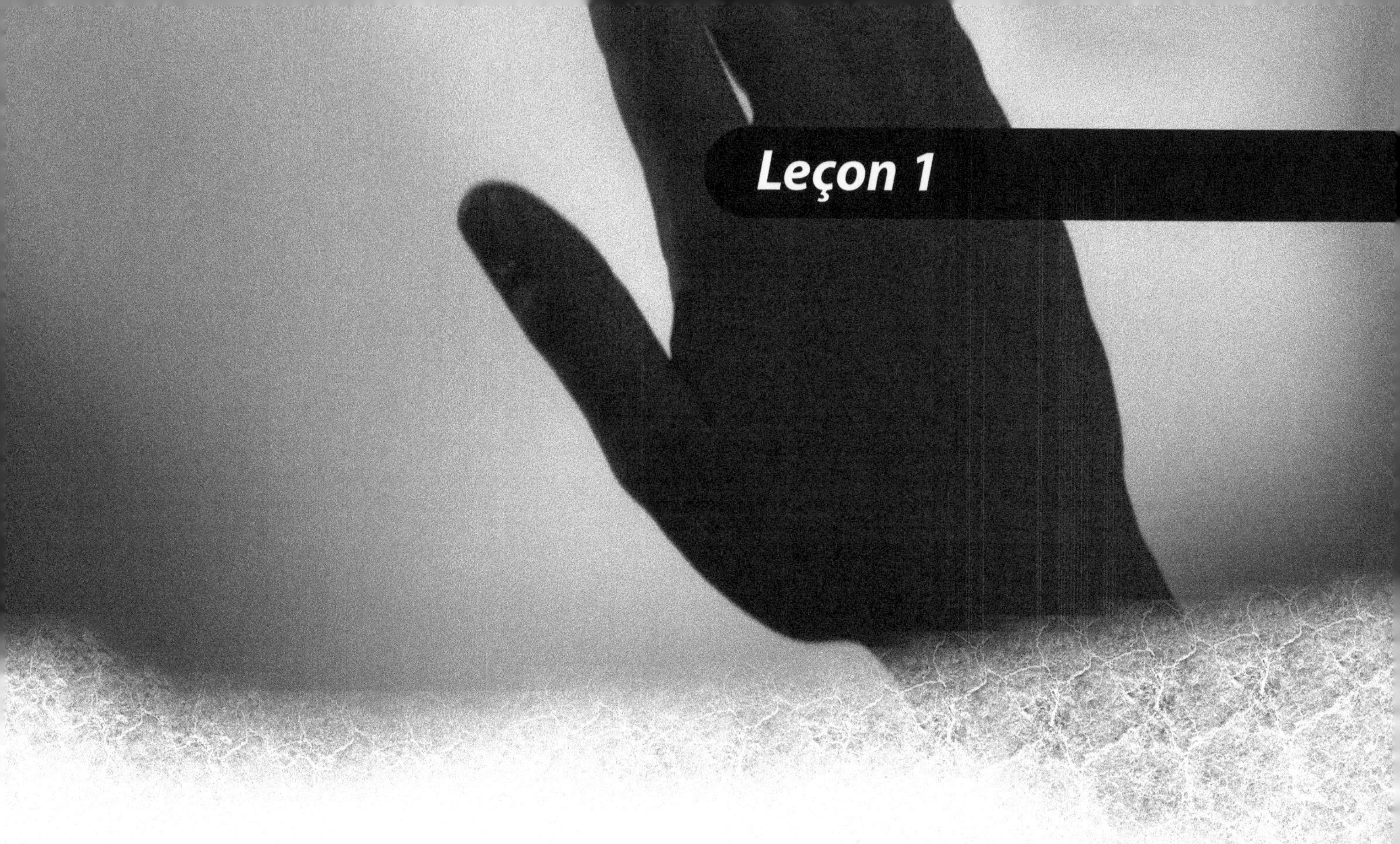

Leçon 1

QU'EST-CE QUE L'ADORATION?

Les Objectifs

- Définir les mots à l'adoration.
- Connaître les concepts pour le culte d'adoration dans l'Ancien Testament et dans le Nouveau Testament.
- Comprendre ce que signifie adoration comme style de vie.

Les Idées Principales

- Adorer signifie vénérer avec le plus grand honneur et respect à un être supérieur et divin. Il peut également être défini comme aimer à l'extrême.
- La vraie adoration est celle qui est concentrée seulement dans le Seigneur.

Qu'entend-on les gens concernant l'adoration?

Définitions

Il est important de connaître le sens correct des termes liés à l'adoration tels que "louange", "action de grâce" et "Adoration", puisque dans l'usage courant les gens peuvent avoir un sens différent et incorrect.

Louange - Le mot louange signifie, honorer, exalter, glorifier, louer, glorifier, applaudir quelqu'un pour quelque chose qu'il a fait. Louange signifie exprimer verbalement l'honneur et l'honneur à une personne méritante.

Action de grâce – L'action de grâce est une expression de gratitude; cela signifie remercier quelqu'un.

Adoration - Adorer signifie vénérer avec le plus grand honneur et le plus grand respect un être, qui est considéré comme supérieur ou divin. Il peut également être défini comme aimer à l'extrême. Les termes hébreux et grecs traduits dans nos Bibles castillanes comme "adoration" et/ou "adorer" aussi ils peuvent être compris comme "craindre, chercher, servir, se prosterner et exercer un ministère". L'adoration est alors une expression d'honneur, d'adoration et de service à Dieu en réponse à son œuvre de grâce dans la rédemption.

Un argument simple et pratique pour distinguer l'acte de la louange comme des actions de grâces et d'adoration, est le fait que la louange met l'accent sur l'exaltation de Dieu par ses œuvres et l'adoration l'exaltant pour qui Il est.

Action de grâce : Est une attitude de remerciement envers Dieu pour ce que nous avons reçus de Lui.

Louange : Est l'action de déclarer la grandeur de la personne de Dieu avec nos paroles, notre cantique et notre vie.

Les mots pour l'adoration dans l'Ancien Testament

Dans l'Ancien Testament, l'adoration est liée au service.

Pour mieux comprendre les fondements bibliques d'adoration, il est nécessaire d'étudier deux termes clés de la langue hébraïque qui sont utilisés dans l'Ancien Testament pour définir l'adoration: shachah et abad.

Shachah

Shachah est, sans aucun doute, le mot hébreu le plus utilisé dans l'Ancien Testament pour se référer à l'adoration. *Shachah* apparaît 191 fois et dans son sens original, cela signifie : "adorer, se prosterner, se agenouiller".

Abraham a utilisé le mot *shachah* lorsqu'il a dit dans Genèse 22 : 5 "… mon fils et moi irons de l'avant pour adorer Dieu, puis nous reviendrons vers vous ensemble". L'adoration de Dieu était associée à la pratique d'offrir des sacrifices.

Toujours dans le chapitre 24 de la Genèse, Abraham utilise le mot *shachah* comme une description de l'adoration et de la gratitude envers Dieu : " … et je me suis prosterné pour adorer l'Éternel, le Dieu d'Abraham …" (v. 48); En entendant cela, le serviteur d'Abraham tomba à terre devant l'Éternel" (v. 52). Dans ce passage, *shachah* signifie se prosterner sur le sol pour montrer l'adoration et le respect ou révérence envers un être humain ou envers Dieu.

Par exemple, dans Genèse 33 : 3, 6-7 *shachah* indique l'action de l'humiliation et la soumission de Jacob et de toute sa famille, dans leur réconciliation avec son frère Esaü : "Jacob, de son côté, les précéda, se prosternant sur le sol sept fois alors qu'il s'approchait de son frère "…" Les esclaves et ses fils s'approchèrent et se prosternèrent devant Esaü. Puis Léa et ses enfants ont fait la même chose et, enfin, Joseph et Raquel se sont également inclinés".

Le sens de ce mot *shachah*, exprime un concept d'adoration basée sur la révérence. Cela signifie l'hommage et la soumission à l'objet de l'adoration. L'humiliation et la prosternation sur le sol sont la manifestation d'un abandon de la volonté, pour donner révérence et honneur au destinataire de cette adoration, qui implique le service et l'abandon.

L'attitude et l'action de s'humilier devant quelqu'un ne sont pas courantes dans notre environnement. Être soumis et humble n'est pas non plus une attitude populaire. Cependant, étant donné l'évidence du sens du mot hébreu shachah, est le premier concept biblique d'adoration que nous devons apprendre.

Cette réalité nous amène à nous demander : Comment l'humain peut-il être vénéré dignement à Dieu? La réponse est que seulement avec l'aide de Sa grâce nous pouvons apprendre l'attitude correcte pour l'adoration.

Abad

Un autre mot hébreu pour adoration est *abad*, qui signifie à la fois "adorer" comme "servir". Ce mot se trouve environ 300 fois dans l'Ancien Testament et décrit l'action de "travailler, cultiver et servir". Surtout il est utilisé dans le sens de "travailler pour quelqu'un".

Il y a deux passages où l'on peut voir des exemples de l'utilisation d'abad. Au Genèse 25:23, quand Rebecca chercha la raison pour laquelle les deux jumeaux se battaient dans son ventre, Dieu répondit : "Deux nations sont dans ton ventre; deux peuples sont séparés de tes entrailles. L'un sera plus fort que l'autre, et le majeur servira le plus jeune". C'est-à-dire qu'Ésaü et ses descendants serviraient et travailleraient pour Jacob et ses descendants.

Leçon 1 - Qu'est-ce que l'adoration?

Shachah: Mot hébreu qui signifie, se prosterner symboliquement ou physiquement devant la présence de la majesté et la sainteté de Dieu. Cela indique aussi l'idée d'une attitude d'esprit et du corps montrant obéissance et soumission à la volonté de Dieu.

Rituel: Cérémonie ou liturgie qui dans l'église fait partie de l'adoration à Dieu.

Des centaines d'années plus tard, lorsque le peuple d'Israël était en esclavage en Egypte, Dieu a envoyé Moïse et Aaron pour donner un message au Pharaon : "Moïse et Aaron se rendirent ensuite auprès de Pharaon, et lui dirent: Ainsi parle l'Éternel, le

Dieu d'Israël: Laisse aller mon peuple, pour qu'il célèbre au désert une fête en mon honneur" (Exode 5 : 1). Il est évident que le mot abad exprime le sens de servir dans l'adoration (Deutéronome 6:13 et 11 : 13,14).

Des mots pour l'adoration dans le Nouveau Testament

Dans le Nouveau Testament, l'adoration décrit la soumission totale à la seigneurie du Christ.

Bob Sorge dans son livre : Exploration de la l'adoration dit qu'il y a six raisons de louer Dieu:

- *Parce que c'est comme ça qu'il est commandé dans la Bible*
- *Parce que Dieu est intronisé à la louange*
- *Parce qu'il est bon de louer au Seigneur*
- *Parce que Dieu est digne de louange*
- *Parce que Dieu a créé l'homme et femme pour le louer*
- *Parce qu'il y a du pouvoir dans la louange.*

Dans le Nouveau Testament, on trouve le terme grec proskuneo, qui signifie "adorer". Dans la version Louis Segond 1910, cela apparaît 59 fois, dont, 50 comme le verbe "adorer", trois fois sous la forme nominale d' "Adorateur", cinq comme "prosterné", un comme "à genoux", et encore comme "révérence". C'est le mot que Jésus qui est le Christ a utilisé lorsqu'il a enseigné à la femme Samaritaine à propos de la vraie adoration dans Jean 4: 20-24.

Le concept d'adoration contenu dans le mot hébreu shachah de l'Ancien Testament a été traduit dans le Nouveau Testament par le mot grec proskuneo, qui est composé de deux mots : "pros" qui signifie "devant ou avant", et "kuneo" qui signifie "embrasser". Le sens du mot grec proskuneo est clairement le même que celui du mot hébreu shachah, et décrit l'adorateur qui s'humilie devant Dieu. Il est intéressant d'observer que le mot proskuneo apparaît plusieurs fois dans le Nouveau Testament à côté de "prosterné" (des exemples peuvent être vus dans Matthieu 2:11 et Apocalypse 7 :11).

D'après le sens de ces mots, on peut affirmer que l'adoration biblique est un culte humble, soumis, utile et généreux. C'est se prosterner ou s'incliner aux pieds de quelqu'un, donnant des échantillons concrets de la supériorité de l'autre et volontairement subordonné à cette personne.

Le fidèle doit avoir une attitude profondément respectueuse et soumise complètement devant le Seigneur, en se concentrant uniquement sur Lui, pas sur lui-même.

L'adoration en congrégation devrait être certainement et une seule adoration du Seigneur, en mettant l'accent sur Lui et Lui seul, C'est de lui, par lui, et pour lui que sont toutes choses. A lui la gloire dans tous les siècles! Amen!" (Romains 11 :36).

Tout ce qui distrait la congrégation doit être corrigé dans l'adoration de leur concentration sur le Seigneur et leur adoration envers Lui. Cela pourrait être : la musique n'a rien contesté ; quelque chose dans les mouvements ou les vêtements des musiciens ; les "cris" les microphones, le volume des haut-parleurs ou des haut-parleurs, quelqu'un dans la pièce plate-forme qui ne participe pas à l'adoration, trop chaude ou trop froide, des cantiques ou des recueils de chansons manquants, des diapositives mal écrites ou qui ne sont pas vues ou qui vont à une autre vitesse que les chansons, la voix du chanteur qui se démarque, les gens qui parlent, les gens qui sortent et entrent dans la pièce, les lumières, etc...

Quels éléments l'adoration comprend-elle?

Certains éléments importants que l'adoration comprend.

Une définition de l'adoration se lit comme celle-ci : "L'adoration est la communion avec Dieu, à travers laquelle les croyants concentrent gracieusement l'attention de leur esprits et l'affection de leurs cœurs dans le Seigneur Lui-même, humblement, glorifier Dieu en réponse à sa grandeur et à sa Parole". Cette définition touche presque tous les aspects pertinents de l'adoration.

L'adoration est un chemin de communication mutuelle établi par la grâce de Dieu (Hébreux 10 : 19-22). Le croyant a libre accès à notre Père céleste grâce à l'œuvre accomplie par Jésus qui est le Christ sur la croix. L'adoration commence avec une attitude d'humilité devant Dieu ; suivre avec une confession de notre dépendance totale, cherchant son pardon; puis avec une proclamation de sa seigneurie et sa grandeur, lui demandant son aide pour connaître et faire sa volonté dans nos vies, selon la direction de son Esprit Saint ; et se termine par un engagement et consécration de la part du croyant à obéir et à honorer Dieu de tout son être. Le meilleur modèle d'adoration se trouve dans le "Notre Père" (Matthieu 6 : 9-13).

L'adoration n'est pas seulement le segment musical du culte, mais cela est présent dans tous les moments de la vie quotidienne. L'adoration authentique ne s'agit d'un acte religieux et ne se limite pas à des rituels ou des cérémonies. Adoration ne se produit qu'à l'intérieur du temple, cela ne dépend pas d'un lieu, mais l'adoration doit imprégner tout ce que le chrétien pense, dit, fait et ressent.

L'adoration comprend une attitude de gratitude envers Dieu pour sa bénédiction de donner la vie et la santé.

L'adoration comprend des mots qui expriment la joie sur les souvenirs de ce que le Seigneur a fait pour nous autrefois. L'adoration comprend les moments de réflexion privée où hommes et femmes apprécient la révélation de Dieu à travers sa création. L'adoration comprend la reconnaissance de la suffisance de Dieu et de notre dépendance à l'égard du temps de la prière. Tout ce qui précède n'est pas seulement une activité du culte le dimanche. L'adoration est tellement plus. C'est un style de vie.

L'adoration aux côtés du peuple de Dieu est également de la plus haute importance.

L'un des plus grands événements de la vie de l'être humain est l'expérience de la présence de Dieu manifestée dans les services religieux. Il est une expérience difficile à décrire avec des mots; c'est une rencontre divino-humaine qui transcende toute autre expérience de la vie quotidienne. Le roi David l'a compris, et il a donc exprimé son désir d'être dans le temple: Je suis dans la joie quand on me dit: "Allons à la maison de l'Éternel" (Psaume 122 : 1).

> *Adoration:*
> *C'est l'attitude constante de dévotion et d'adoration envers Dieu pour être ce qu'Il est et pour ses œuvres.*

Leçon 1 - Qu'est-ce que l'adoration?

David a déclaré à plusieurs reprises qu'il avait besoin d'être dans la présence du Seigneur, pour participer aux temps d'adoration avec ses frères et recevoir l'instruction et le réconfort de Dieu. Les mots de David expriment son désir irrésistible de Dieu et de lui rendre une véritable adoration, reconnaissant que même leur désir d'adorer vient de Dieu Lui-même.

Dix façons d'adorer

Dans cette section, nous connaitrons les dix manières d'exprimer l'adoration envers Dieu.

Malgré la vérité incontestable que tous les croyants doivent être fidèles, il y a de la confusion dans les églises chrétiennes concernant ce que signifie être un adorateur. Beaucoup ont tort de penser que l'adoration est chanter et que l'adoration est nécessairement synonyme de musique, et vice versa. Comme nous le verrons ci-dessous, la musique n'est qu'un moyen -parmi les nombreux qui existent- pour adorer Dieu.

1. Adorer par le moyen de la prière

La prière la plus connue de la Bible est le Notre Père et est le modèle que Jésus nous a appris à nous adresser au Père. Cette prière plusieurs fois exprime l'adoration et nous aide à penser davantage au Seigneur au lieu de faire en prière seulement une liste de demandes (Matthieu 6 : 9-14, Colossiens 4: 2).

2. Adorer par le moyen de la lecture de la Bible

Il existe d'innombrables passages bibliques exprimant l'adoration dont les paroles nous pouvons utiliser dans notre culte comme les Psaumes 117 et 121 ou Apocalypse 4 et 5, entre autres.

3. Adorer par le moyen de l'obéissance

Lorsqu'une personne obéit aux commandements du Seigneur, elle donne honneur et respect. L'obéissance dans notre vie quotidienne plaît à Dieu plus que tout rituel : "Samuel dit: L'Éternel trouve-t-il du plaisir dans les holocaustes et les sacrifices, comme dans l'obéissance à la voix de l'Éternel? Voici, l'obéissance vaut mieux que les sacrifices, et l'observation de sa parole vaut mieux que la graisse des béliers" (1 Samuel 15 :22 VLS. 1910).

4. Adorer par le moyen des dîmes et les offrandes

Les dîmes et les offrandes des croyants indiquent la reconnaissance de son Seigneurie et montrer une attitude de disposition et de dévouement envers le Seigneur. C'est clairement une façon de l'adorer (Genèse 28 :22, Matthieu 21 : 1-4).

5. Adorer par le moyen de la fraternité

L'amour entre frères chrétiens est un signe pour le monde qu'il y a un peuple qui adore Dieu. Jésus a dit : "A ceci tous connaîtront que vous êtes mes disciples, si vous avez de l'amour les uns pour les autres" (Jean 13:35).

L'adoration est communion avec Dieu, à travers laquelle, les croyants par grâce concentrer l'attention de leur esprit et l'affection de leurs cœurs dans le Seigneur Lui-même humblement, pour glorifier Dieu en réponse de sa grandeur et à sa Parole.

6. Adorer par moyen de l'évangélisation

L'une des tâches que le Seigneur nous a confiées est d'évangéliser les perdus. C'était la mission de Jésus et c'est aussi celle de ses disciples : "Le Seigneur ne retarde pas sa promesse, selon certains l'ont pour retard, mais il est patient avec nous, ne voulant pas qu'aucun d'eux périsse, mais plutôt tous arrivent à la repentance" (2 Pierre 3 : 9 et 2 Corinthiens 5 : 18-20).

7. Adorer par le moyen du service de compassion

Le croyant honore son Seigneur quand il sert avec compassion ceux qui passent par quelque besoin (Matthieu 25:34).

8. Adorer par le moyen d'une attitude de gratitude

La gratitude envers le Seigneur est aussi une manière de l'adorer car c'est la reconnaissance de sa grandeur et de son amour. Cela peut être exprimé publiquement comme l'action de grâce, mais ce qui est vraiment important, c'est l'attitude (Psaumes 103 : 1-5, 34 : 1-3).

9. Adorer par le moyen de la soumission au Seigneur

S'abandonner complètement au Seigneur est la clé pour être un véritable adorateur. Cette soumission permet à Dieu d'œuvrer librement en nous en nous purifiant nos cœurs : "Que le Dieu de paix vous sanctifie Lui-même tout entier, et que tout votre être, l'esprit, l'âme et le corps soient conserves de manière irréprochable, lors de l'avènement de notre Seigneur Jésus, le Christ" (1 Thessaloniciens 5:23 VLS).

10. L'adoration par le moyen de la consécration

Dieu veut que ses enfants soient impliqués dans l'expansion de son Royaume, impactant les autres, à travers une vie de dévouement et de service. Beaucoup d'eux ont commis de l'erreur de vouloir servir dans un ministère de l'église sans d'abord apprendre à être de bons adorateurs. Par exemple, ceux qui courent des temps d'adoration dans le culte, ils doivent être de bons musiciens, mais, plus important encore, c'est qu'ils soient de véritables adorateurs (Deutéronome 10 : 8, Jean 4 : 21-24).

Comme nous le voyons, la vraie adoration réside dans les profondeurs du cœur du chrétien. Cela s'écoule naturellement lorsqu'il y a une attitude de soumission humble devant notre Créateur et Seigneur, une attitude de gratitude pour nous ayant délivrés du péché, un amour profond de nous avoir aimés avec son amour éternel et un désir passionné de le servir toute notre vie en obéissance à son appel. La vraie adoration résulte naturellement une vie de sainteté et de service.

> Nous devons répondre personnellement à l'initiative de Dieu. Il se révèle tel qu'il est et il veut que nous le fassions de même. Il nous dit la vérité et attend que nous suivions son exemple. En adorant, nous communiquons à Dieu la vérité nos pensées, sentiments et vœux.

Qu'avons-nous appris?

Les termes bibliques nous aident à comprendre que l'adoration dépasse l'acte cultuel. La véritable adoration est un style de vie de dévotion, d'obéissance et de service.

Leçon 1 - Qu'est-ce que l'adoration?

Des activités

Temps 20'

DES INSTRUCTIONS:

1. En petits groupes de 3 à 4 personnes, écrivez une définition au sujet d'adoration dans vos propres mots.
   _____
   _____
   _____
   _____
   _____

2. Dans les mêmes groupes, préparez une courte pièce de théâtre pour représenter votre définition au reste de la classe.

   Avant de commencer la présentation du théâtre, chaque groupe lira la définition au reste de la classe ou l'écrira sur un tableau noir.

3. Quels changements devez-vous faire dans votre vie pour être un meilleur adorateur?
   _____
   _____
   _____
   _____
   _____

4. Énumérez au moins 5 manières d'adoration que vous aimeriez incorporer ou pratiquer plus souvent dans votre vie désormais.
   _____
   _____
   _____
   _____
   _____
   _____

Leçon 2

L'ADORATION DANS L'ANCIEN TESTAMENT

Les Objectifs

- Connaître les principes d'adoration dans l'Ancien Testament.
- Appliquer ces principes à notre pratique personnelle et congrégationaliste.

Les Idées Principales

- L'adoration était une pratique familiale dirigée par le père de famille, dont la responsabilité était de la perpétuer de génération en génération.
- Dieu lui-même a enseigné à son peuple comment l'adorer.
- L'adoration en tant qu'activité spirituelle était le point de rencontre du peuple de Dieu.

Des mots pour l'adoration dans l'Ancien Testaments

Le livre de la Genèse raconte l'histoire des premières générations depuis la création du monde, jusqu'à la mort de Joseph (année 1600 avant JC environ).

Dans l'Ancien Testament, nous trouvons des principes précieux sur l'adoration.

Le livre de la Genèse raconte de nombreux exemples d'adoration à Dieu interprétée par des hommes comme Noé, Abraham, Isaac et Jacob. Noé a fait un autel pour rendre grâce à Dieu pour son salut du déluge universel. C'était la première action de Noé après avoir quitté l'arche (Genèse 8 : 18-20).

Abraham a construit un autel tout près de sa tente pour adorer Dieu. Il l'avait construit auparavant à l'endroit où Dieu avait apparu. Nous pouvons lire ce récit dans Genèse 12 : 7-8. De là, il est allé à la région montagneuse à l'est de Béthel, où il a établi son camp, ayant Bethel à l'ouest et Aï à l'est. Aussi à cet endroit, il a érigé un autel au Seigneur et invoqua son nom. Abraham a fait un autel à chaque fois qu'il a changé l'emplacement de son domicile. Notez dans Genèse 13:18 le désir d'Abraham d'avoir un lieu proche pour adorer Dieu : "Alors Abraham leva son camp et est allé vivre près d'Hébron, à côté de la chênaie de Mamré. Là il bâtit un autel à l'Éternel".

Autel:
Une construction faite par l'homme où une offrande est faite (sacrifice) à Dieu. Le mot hébreu pour autel est lié au mot sacrifice. Les premiers se construisaient en organisant des pierres sans tailler et sans faire des pas (Exode 20:24:26), c'est pourquoi, ils n'étaient pas semblables aux autels élaborés qui ont construit les nations idolâtres à leurs dieux.

Quand Abraham, par obéissance à Dieu, offrait son fils Isaac, Dieu arrêta le sacrifice et bénit Abraham pour sa foi et son obéissance (Genèse 22 : 9-12). Isaac a continué la pratique d'adorer Dieu et de construire un autel pour Dieu (Genèse 26 : 17-18, 23-25).

Jacob, le fils d'Isaac, a également continué à adorer Dieu comme son père et son grand-père. Quand il a acheté un terrain, il a construit un autel et a adoré Dieu là (Genèse 34 : 18-20). Dans la plus grande crise de sa vie, Dieu est apparu à Jacob, lui ordonnant de construire un autel pour l'adorer, ce qui engendra un grand changement dans la vie de Jacob. En conséquence, Dieu l'a béni grandement à lui et à sa progéniture (Genèse 36 : 1-7).

Il est évident que ces patriarches ont fourni à leur progéniture une éducation sur la façon d'adorer Dieu. Ils ont construit des autels près de leurs tentes et il était de la plus haute importance d'enseigner l'adoration de Dieu des parents aux enfants et toute leur famille.

Les principes caractéristiques d'adoration au temps des patriarches sont :

L'ADORATION AU TEMPS DES PATRIARCHES			
Dans la famille:	C'était intime et personnel:	C'était simple:	Il était adoré dans n'importe quel lieu:
• Dirigée par le père. • Il a été transmis aux enfants et petits-enfants	• C'était une réponse à l'appel de Dieu • Dieu bénit, protéger et diriger l'adorateur.	• Il manquait un système rituel complexe. • Il s'est concentré sur Seigneur.	• Un lieu disponible pour construire un autel. • Près de la maison.

> *Patriarche:*
> *Chef paternel d'une famille ou tribu. Ils se connaissent comme des dirigeants d'Israël dans le livre de Genèse comme Abraham, Isaac, Jacob, qui a vécu entre années 1900 et 1600 avant le Christ.*

L'adoration dans la loi mosaïque

Dans cette partie de la leçon, nous allons considérer l'adoration à l'époque de Moïse.

Quatre cent cinquante ans après les Patriarches, lorsque les enfants d'Israël étaient déjà en nombre suffisant pour constituer une nation, Dieu leur a donné par Moïse des instructions sur l'adoration.

Pendant qu'Israël était dans le désert (entre le départ d'Egypte et son établissement à Canaan) le peuple se rassemblait pour adorer dans le tabernacle. Là c'est trouvé l'autel des sacrifices et a également abrité une boutique où était l'arche de l'alliance qui était divisée à l'endroit du lieu saint et très saint. L'arche était un coffre en bois finement décoré avec des métaux précieux où étaient tenues les Tables de la Loi (les 10 commandements), un peu de manne (le pain fourni par Dieu dans le désert) et la verge d'Aaron (Exode 16 :33-34 ; Nombres 17 :10). Il y avait aussi des autres objets du lieu saint : le chandelier, la table des pains de proposition, et l'autel des parfums, le tout avec une riche symbolique rappelant au peuple la présence de Dieu avec eux et leur adoration qui doit être constante.

L'adoration a commencé lorsqu'un leader ou un ministre se tenait devant la foule pour conduire le peuple dans une adoration agréable à Dieu, selon les indications que Dieu leur avait données. Le fait est remarquable que désormais, au milieu du peuple Israël, l'adoration tient la forme de sacrifice corporel avec des sacrifices d'animaux (Exode 24 : 1-8).

> *Des tentes:*
> *Des chambres rectangulaires qui ont été construites avec des poteaux de bois et "rideaux" de cuirs ou cheveux tissés à partir des animaux (chèvres, moutons ou chameaux). Selon leur capacité, elles pourraient avoir des divisions internes faites avec plus de rideaux. Quand il faisait chaud, on a augmenté les bords ainsi l'air a couru et quand il pleuvait ou faisait froid, cela restait fermer et bien aérée. Ces maisons étaient transportables, semblable aux magasins des Bédouins de nos jours ou les tentes que nous utilisons pour le camp.*

Leçon 2 - L'adoration dans l'Ancien Testament

> *Avec l'institutionnalisation religieuse à l'époque de Moïse le culte d'adoration était lié aux sacrifices spécifiques, un tabernacle et un autel riche en symbolisme.*

Les instructions de Dieu à Moïse et au peuple d'Israël sont intéressantes, car ils révèlent l'intentionnalité des détails avec lesquels Dieu planifie le tabernacle d'adoration.

Dans Exode 25 : 1-2, Dieu donne des instructions sur le choix d'une offrande. En réfléchissant sur l'adoration au temps de Moïse, nous devons nous souvenir de trois aspects marquants :

- Que Dieu Lui-même a donné à Moïse et à Israël toutes ces instructions sur l'adoration.
- Que Moïse a observé que toutes les instructions données par Dieu fussent conforme à ce que Dieu a dit.
- Que les règles et les pratiques ont été données par Dieu d'une manière très spécifique.

Il existe de nombreux exemples de directives détaillées de Dieu pour sacrificateurs qui servaient dans l'offrande des sacrifices du peuple.

Dans Lévitique 6 : 8-14 se trouvent les instructions précises que Dieu a données aux sacrificateurs.

Le tabernacle
- Construit à l'époque de Moïse
- C'était un sanctuaire portable conçu comme une grande tente.
- Il est resté à l'intérieur de l'Arche de l'Alliance et était un symbole de la présence de Dieu au milieu du peuple.
- Les tribus campaient autour de lui (Exode 25 à 31).

- Les sacrificateurs devaient s'habiller convenablement (6 : 8-11) : Les sacrificateurs devaient porter des vêtements spéciaux lorsqu'ils exerçaient leur ministère.
- Toute sa vie a été consacrée à "garder le feu de l'autel brûlant" (6 : 9,12 et 13) : Dieu ordonne que "le feu sur l'autel" brûle toute la journée et toute la nuit. Le sacrificateur était responsable du feu et ce qu'il représentait : la présence du Seigneur.
- Ils doivent exercer leur service avec révérence, en s'occupant de chaque détail, puisque dans chacun d'eux Dieu a communiqué à son peuple son plan rédempteur.
- Ils devaient être sanctifiés par Lui pour Sa gloire devant le Peuple (Lévitique 10 : 3-5).
- Ils devaient mener un style de vie différent de celui de tout le peuple (Lévitique 10 : 7b-11).

Au temps de Moïse, le peuple d'Israël commença à célébrer de nouvelles festivités : il y avait des fêtes en remerciement à Dieu pour la moisson, des fêtes religieuses comme le Jour des Expiations, et bien d'autres.

Pour la première fois dans la Bible, il est question d'un culte en congrégation.

De plus, un système de culte a été institué que le peuple devait garder jalousement.

L'adoration au temps de la monarchie

Le roi David faisait un apport très important au sujet de comment adorer dans ses Psaumes.

Le temps des rois est un autre moment particulier dans l'histoire du peuple d'Israël et une autre étape dans l'évolution de l'adoration. Le deuxième roi d'Israël, David, est devenu le plus grand de tous les adorateurs de l'Ancien Testament. Il est possible de le reconnaître par ses faits : il a préparé son fils pour construire le premier temple, il fut musicien et auteur de grands poèmes et chants pour le Seigneur.

David, a donné une place importante à l'adoration dans sa vie et son règne. Des livres entiers ont été écrits sur les contributions du roi David à l'adoration. Cependant, il ne fait aucun doute que le plus remarquable de ces contributions est ses psaumes.

Dans 2 Samuel 6 :12-19, nous pouvons voir le roi David comme le premier et le plus grand adorateur de tout Israël. Contrairement à son prédécesseur Saül, David a reconnu la valeur d'avoir l'Arche de l'Alliance dans la capitale du pays. Entendu que cela signifiait avoir la présence de Dieu au milieu du peuple. Par sa foi, lui et son royaume ont reçu de nombreuses bénédictions de Dieu.

Un autre aspect notable du roi David, manifesté dans sa vie, est sa joie au moment d'adorer le Seigneur. Lorsqu'il eut fini de porter l'Arche et de participer à la célébration, a donné à tout le peuple un pain, un morceau de viande et un gâteau de raisins secs (2 Samuel 6 : 12-19).

Le Livre des Psaumes est une compilation de chansons et de poèmes de divers auteurs du peuple d'Israël. De tous, le plus important est David, auteur de 73 psaumes qui composent ce "recueil de cantiques". On peut observer la pensée de David et son concept d'adoration, si nous prenons comme exemple deux de ses Psaumes. Le Psaume 103 est personnel. David s'invite comme ça lui-même à adorer le Seigneur et finit par inviter toute la création à se joindre à lui en adoration au Seigneur.

Psaume 108 : 1-5, où David inclut une sorte de programme d'adoration. Cela commence dans le cœur bien disposé, qu'il décrit comme une disposition intérieure qui donne à l'homme la possibilité de chanter et de louer Dieu depuis le matin ; il peut être accompagné d'instruments de musique; c'est à faire parmi tous les peuples et toutes les nations; est motivé par l'éternel la miséricorde et la vérité de Dieu; et culmine dans l'exaltation de Dieu sur toute la terre.

Le roi Salomon, fils de David, hérita de son père la mission et des instructions pour construire le temple (1 Chroniques 28 : 11-19). Le projet a

Les Psaumes viennent du grec psalmos. Au commencement, ce mot signifiait pointer ou déchirer les cordes avec les doigts, mais ensuite il s'agit d'une chanson dédiée à Dieu et accompagnée par des instruments de musique. En hébreu, le mot pour psaumes est Sefer Tehilim.

Les dimensions du Tabernacle: La Tente principale avait la forme rectangulaire d'environ 13,50 m de long sur 4,80 m de large et 4,50 m de haut. A été construit avec 48 plaques de bois d'acacia enduit or et soutenu par des bases argent (Exode 26:25-29).

Holocauste
Fait référence à une offrande qui a brûlé tout entier. Voir des exemples dans Exode 30:20; Lévitique 5:12; 23:8, 25, 27.

Leçon 2 - L'adoration dans l'Ancien Testament

Dans Lévitique 10 : 1-12, nous pouvons trouver à quel point que Dieu est exigeant au sujet de son adoration. Ce passage donne des instructions précises pour que l'adoration de Dieu soit faite avec de grand soin et excellence. Quand les fils d'Aaron prirent d'encens mis de côté pour Dieu, pour des autres usages, ils étaient foudroyés sur le coup (Lévitique 10 : 1, 2).

duré sept années. Dans 2 Chroniques 5 : 1-7, la cérémonie de la dédicace est racontée où tout le monde était présent.

L'Arche d'Alliance a finalement été placée à l'intérieur du temple dans le lieu très Saints, puis les sacrifices ont suivi et Salomon lui-même a prié publiquement pour dédier le temple.

Il est important de noter son attitude d'humilité et d'adoration. D'abord il s'agenouilla devant Dieu aux yeux du peuple assemblé, puis reconnut l'impossibilité que ce temple qui avait érigé fût digne de Dieu, et il a parlé de son cœur demandant la miséricorde et le pardon de Dieu pour leurs péchés et ceux du Peuple (2 Chroniques 6 :12-42).

Comme si cela ne suffisait pas, Dieu a scellé ce moment avec une puissante démonstration de sa puissance. Le feu du ciel est descendu et a tout brûlé les offrandes et sacrifices déposés sur l'autel. La gloire du Seigneur a rempli le temple de telle manière que les sacrificateurs ne pouvaient pas entrer. Après cela, Salomon a continué à offrir des sacrifices, 22 000 bœufs et 120 000 moutons pour consacrer le temple de Dieu (2 Chroniques 7:1-5).

Adoration Pendant La Monarchie		
Adoration communautaire • Concentré sur un lieu précis (Hébron, puis Jérusalem). • L'adoration en tant que point de rencontre nationale.	L'adoration s'exprime sous forme d'arêtes. • On fait choix des psaumes. • S'intègre au système liturgique. • Musiciens professionnels consacrés au service dans le temple (Asaph, fils de noyau et autres).	Le royaume du nord est divisé et construire un autre temple. • Les prophètes c'est cette période qu'ils appellent tous les deux peuples à l'adoration authentique.

Les Psaumes de pèlerinage

Les Psaumes sont une expression d'adoration communautaire.

Au moment où Israël s'établit au pays de Canaan, les yeux de tout le peuple se tenaient sur Jérusalem qui représentait le lieu national d'adoration.

Pour chaque homme d'Israël, c'était une obligation morale de comparaître devant le sacrificateur chaque année, et offrir un sacrifice à Dieu. Comme conséquence, les foules ont fait de longs voyages pour atteindre la capitale de la foi qui était située parmi les montagnes de Juda.

Les groupes de voyage ou de pèlerinage étaient composés de plusieurs familles qui se sont accompagnés pendant le voyage. Le frisson de direction la Ville Sainte, et la nécessité de rendre le voyage plus agréable, à l'origine une explosion de louanges communautaires, qui les accompagnera tout au long du voyage jusqu'à Jérusalem.

En conséquence, nous avons aujourd'hui dans le livre des Psaumes, une collection des soi-disant "psaumes d'ascension", du nombre 120 au 134. Ces Psaumes manifestent la joie du peuple, ils décrivent les accidents géographiques qui composent le paysage, ils mentionnent les dangers des déplacements et relater l'expérience des fidèles d'être dans le Temple, en observant les sacrificateurs dans leurs devoirs sacrés (Psaumes 122:2; 125:1-2; 121:1-8 et 134).

> La Bible souligne l'influence de David comme psalmiste en 2 Samuel 23 : 1 et 2.
>
> 1. *Mon âme, bénis l'Éternel! Que tout ce qui est en moi bénisse son saint nom!*
> 2. *Mon âme, bénis l'Éternel, Et n'oublie aucun de ses bienfaits!*
> 3. *C'est lui qui pardonne toutes tes iniquités, Qui guérit toutes tes maladies;*
> 4. *C'est lui qui délivre ta vie de la fosse, Qui te couronne de bonté et de miséricorde;*
> 5. *C'est lui qui rassasie de biens ta vieillesse, Qui te fait rajeunir comme l'aigle.*
> *(Psaume 103 : 1-5).*

> 1. De toutes les forces de mon être, je te louerai mon Dieu!
> 2. Avec toute la force de mon être je louerai et me souviendrai de tous tes bienfaits!
> 3. Mon dieu m'a pardonné tout mal que j'ai fait; Il m'a ramené à la santé,
> 4. libéré de la mort, Il m'a rempli d'amour et de tendresse!
> 5. Mon Dieu me donne toujours tout le meilleur; Il me rend fort comme des aigles!
>
> Psaume 103 : 1-5 (Version en langage clair).

QU'AVONS-NOUS APPRIS?

Les principes du culte d'adoration dans l'Ancien Testament et les caractéristiques du culte d'adoration aux différents moments ou époque dans la vie du peuple d'Israël, avant le Christ.

Leçon 2 - L'adoration dans l'Ancien Testament

Des activités

Temps 20′

DES INSTRUCTIONS :

1. Nous avons étudié qu'Abraham a construit un autel pour adorer près de sa maison. Quel enseignement pratique pouvons-nous dessiner pour notre vie aujourd'hui ?

_____
_____
_____

2. Quelles étaient les responsabilités du chef de famille dans la transmission de la foi aux personnes dans les générations suivantes ? Pensez-vous que c'est encore aujourd'hui une responsabilité importante ? Expliquer pourquoi.

_____
_____
_____
_____

3. Le fait que Dieu ait donné des instructions si précises sur l'adoration à l'époque de Moïse, ce qui nous fait enseigner comment nous devrions procéder pour offrir une adoration agréable à Dieu ?

_____
_____
_____

4. Choisissez 5 versets du Psaume 103 à traduire dans vos propres mots et faites-en votre prière.

_____
_____
_____
_____
_____

5. Écrivez une réflexion personnelle sur ce que le Seigneur nous enseigne à travers le prophète Michée dans le chapitre 6 : 6-8 concernant notre attitude à l'approche de Lui en tant qu'adorateurs.

_____
_____
_____

Leçon 3

L'ADORATION DANS LE NOUVEAU TESTAMENT

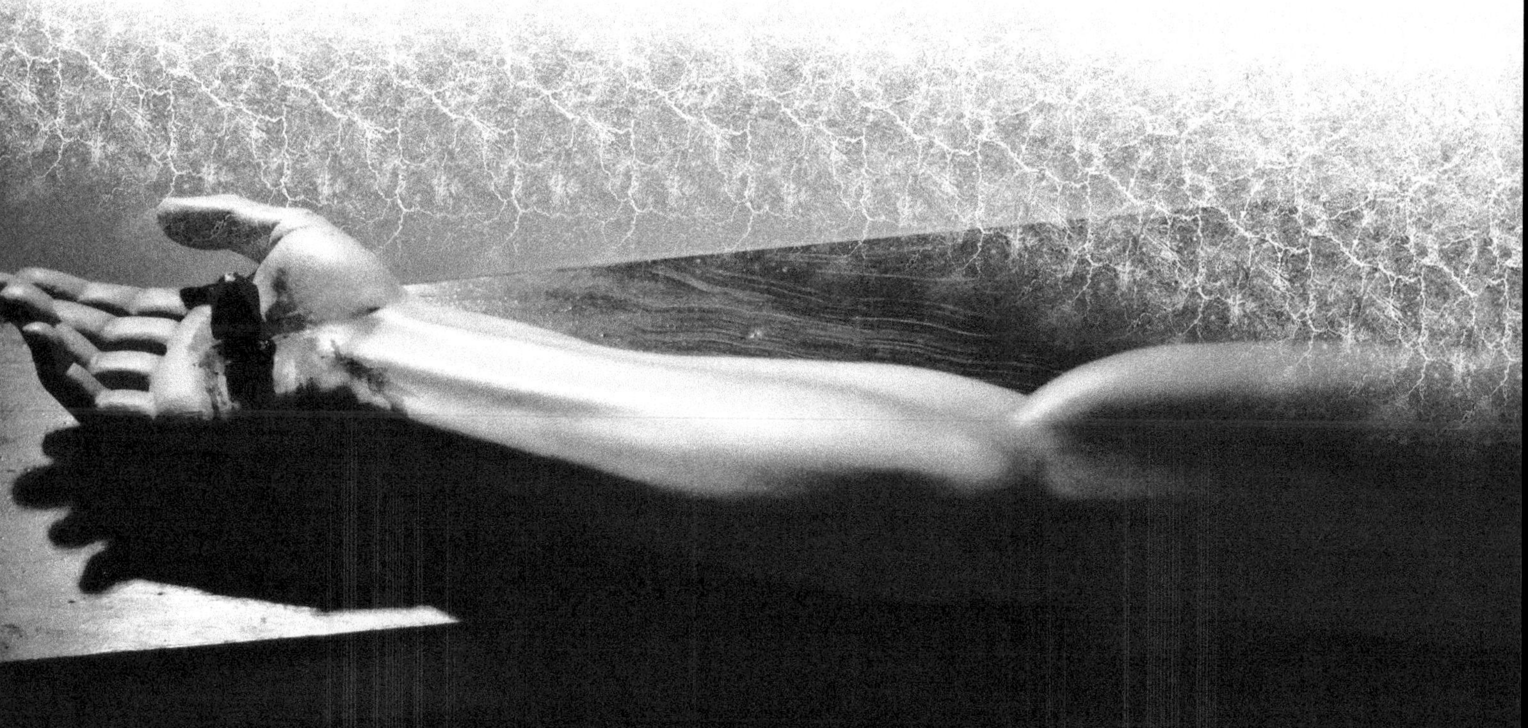

Les Objectifs

- Comprendre l'enseignement de Jésus sur l'adoration.
- Identifier les principes d'adoration dans les Actes, les lettres pauliniennes et Apocalypse.

Les Idées Principales

- Il est nécessaire que l'adoration au Seigneur soit guidée par l'Esprit de Dieu qui habite dans nos cœurs, et qu'elle soit sincère.
- Le Nouveau Testament fait jaillir l'importance de se réunir avec les autres croyants pour adorer.

Jean Wesley dans ses Notes au Nouveau Testament traduit le sens des paroles de Jésus dans Jean 4 :22 de cette manière: "Vous, les samaritains, vous ignorez non seulement le lieu, mais aussi le vrai objet d'adoration".

Comment savoir si nos actions d'adoration ou service envers Dieu sont parfaits?

Introduction

Nous avons tendance à penser que le Nouveau Testament ne contient pas beaucoup de matériel sur l'adoration, ce qui est une grosse erreur. Peut-être, c'est parce que l'accent dans ces livres n'est pas sur les pratiques d'adoration institutionnalisé. Malgré cela, le Nouveau Testament ne parle pas d'adoration, en particulier dans les enseignements enregistrés de Jésus qui est le Christ et l'apôtre Paul. Nous trouvons également l'exemple précieux que fournit l'Église primitive dans le livre des Actes. Enfin, dans le livre de l'Apocalypse peut être trouvée de sublimes exemples d'adoration.

Le Temple et la synagogue

L'importance du Temple et les synagogues.

Pendant le ministère de Jean-Baptiste et de Jésus qui est le Christ, le Temple remodelé par Hérode était déjà activé. Le système sacrificatoire et le ministère sacerdotal occupait une place privilégiée dans la culture juive à l'époque.

Cependant, depuis l'exil babylonien, il y a eu un changement transcendant: le centre du culte et de l'enseignement juif n'était plus le Temple mais la synagogue, dont les fonctions étaient de fournir une éducation spirituelle aux familles juives en exil et ouvrir un espace de vénération et d'adoration envers Dieu.

C'est ainsi que les synagogues ont commencé à être un lieu clé et influent dans la vie du peuple juif.

Une des caractéristiques de l'institution de la synagogue et de son impact dans le judaïsme, c'était la différence dans l'adoration et la liturgie du peuple, qu'elle contrastait avec celle offerte dans le temple.

Bref, c'était une adoration plus directe et plus simple. Dans la synagogue, il y avait une opportunité de dialogue, de participation, des manifestations spontanées de joie et de louange. Chaque juif avait une occasion de réciter des psaumes et de faire des prières.

Jésus et l'adoration

Quels sont les principes que Jésus le Christ a enseignés au sujet de ce qui concerne l'adoration?

Dans l'Évangile de Jean, nous pouvons lire le récit de Jésus lorsqu'il a expliqué à la Samaritaine ce qui'était la vraie adoration (Jean 4 : 19-24). Tout d'abord, Jésus précise que pour Dieu, le lieu où est l'adorateur n'est pas la chose la plus importante. Cette affaire avait engendré des siècles de disputes entre Juifs et Samaritains.

Chaque nation a lutté pour s'imposer comme le centre d'activités religieux. Pour les Samaritains, ce devait être le mont Garizim, et pour les Juifs le temple de Jérusalem. Jésus savait très bien que l'adoration ne dépend pas du lieu où nous sommes, car l'Esprit de Dieu est partout.

Ceci est très important car une grande partie des premiers chrétiens vivaient à une époque où le Temple était détruit et où il n'y avait pas d'un endroit centralisé où on pourrait aller adorer Dieu.

Dans ce passage, Jésus révèle que la vraie adoration fait partie de la connaissance de la vérité. Savoir qui est notre Dieu est la clé pour rendre une adoration qui lui soit agréable. Dans Jean 4:23, Jésus a également enseigné à la Samaritaine comment les vrais adorateurs adorent et souligne deux aspects très importants :

La première est que les vrais adorateurs adorent Dieu "en esprit et en vérité". Cela signifie se montrer à Lui en toute honnêteté, sans rien lui cacher, sans une sorte de tromperie, et sans prétention (Psaume 51 : 6).

Le deuxième aspect de cet enseignement est que Jésus a enseigné que c'est Dieu lui-même qui recherche ce type d'adorateur. Dieu n'accepte pas les sacrifices et des offrandes si l'adorateur n'a pas un esprit droit devant Lui (Jean 4:23).

Enfin, Jésus a dit que "Dieu est un Esprit, et ceux qui l'adorent doivent le faire en esprit et en vérité" (Jean 4:24). L'expression "ceux qui l'adorent" suggère qu'il y a ceux qui ne l'adorent pas.

Dieu nous a donné le libre arbitre ; Dieu ne force personne à l'adorer même s'il viendra un jour où tout genou fléchira devant lui (Ésaïe 45 :23, Philippiens 2:10). Cependant, il est nécessaire que l'adoration au Seigneur soit guidée par l'Esprit de Dieu qui habite dans nos cœurs et qui est sincère.

Les enseignements de Jésus sur l'adoration publique et privée.

Dans Matthieu 6 : 1, Jésus enseigne la concordance qui doit exister entre l'adoration publique et privée que nous offrons à Dieu. L'épreuve de l'authenticité de notre adoration est déclarée dans le culte que nous faisons quand personne ne nous voit, c'est-à-dire une adoration qui coule naturellement dans notre vie quotidienne. Jésus s'est référé, par exemple, aux offrandes, l'aumône, la prière et le jeûne qui sont des formes de culte à la fois dans public aussi bien que privé (Matthieu 6 : 2-3 et 16-17). Le but de Jésus dans chaque cas était d'encourager leurs auditeurs à maintenir une vie de dévotion de qualité aussi bien en public qu'en privé.

Leçon 3 - L'adoration dans le Nouveau Testament

Quelle est l'importance qu'on donne aux sacrements du baptême et du repas du Seigneur pour notre croissance spirituelle?

De nombreux experts bibliques soulignent que la Sainte cène ou la fraction du pain était une illustration claire des mauvais traitements dont le corps de Jésus qui est le Christ, avant sa mort. Si le pain rompu représente son corps, la réalité d'elle est la prochaine mort qui a été laissée de côté de doute pour ses disciples.

L'institution du baptême par Jésus, le Christ (Matthieu 3:15).

Les sacrements du Baptême et de la Cène sont des liens importants dans notre croissance chrétienne et dans notre adoration. Jésus qui est le Christ a institué le baptême d'eau lorsqu'il s'est présenté devant Jean-Baptiste pour être baptisé dans le Jourdain. La conversation entre Jean et Jésus nous enseigne que le baptême est un acte d'obéissance et un privilège de chaque croyant (et ainsi "faire ce qui est juste").

Chaque nouveau croyant doit être baptisé dans un acte public pour donner témoignage de la repentance de leurs péchés et de leur nouvelle vie en Christ. Le baptême est un pas en avant très important dans la vie spirituelle, et il ne faut pas le prendre à la légère. Le baptême est le signe extérieur de l'œuvre que le Saint-Esprit a accompli dans nos cœurs en nous purifiant de nos péchés et nous donne une nouvelle vie en tant que fils et filles de Dieu. Le baptême des nouveaux croyants a été établi comme une pratique courante dans l'histoire de l'Église par ordre du Seigneur (Matthieu 28 : 16-20).

L'institution du repas du Seigneur (Matthieu 26 : 26-30; Marc 14 : 22-25 et Luc 22 : 19-20).

Dans ces passages, l'établissement du repas du Seigneur est raconté. Toutes les personnes sont le témoignage de différentes personnes sur le même événement. Chaque acte de Jésus dans ce repas a beaucoup d'importance parce que ; (1) Jésus a célébré la fête de la Pâque avec ses disciples, celle-ci étant la plus importante de toutes les fêtes des juifs; (2) Jésus a utilisé le pain et la coupe du souper comme des "aides visuelles" pour parler de la signification de sa mort (Voir Isaïe 53 :3-5).

L'adoration dans le livre des Actes

Ensuite, nous apprendrons au sujet de l'adoration au sein de l'Eglise Primitive.

Au début du livre des Actes, nous pouvons voir que les chrétiens de l'Église primitive ont continué à être impliqués dans les pratiques religieuses du judaïsme; car on espérait que tous les Juifs embrassent la nouvelle foi enseignée par Jésus qui est le Christ.

Ils espéraient que les Juifs comprendraient que Jésus qui est le Christ était le Messie que Dieu leur avait promis depuis le temps d'Abraham, et par conséquent, ils rejoindraient ce nouveau mouvement. C'est ainsi au début, les disciples ont continué à fréquenter le Temple de Jérusalem et à accomplir avec les pratiques religieuses juives.

Les premiers chrétiens se sentaient le devoir de prêcher l'évangile à ceux de leur propre race, qui adoraient le même Dieu. C'est à cause de cela que les apôtres enseignaient l'évangile aux Juifs dans les synagogues. Ils n'avaient pas construit un autre temple, ni une synagogue séparée. Au début, ils ont

---

"Jésus lui répondit: Laisse faire maintenant, car il est convenable que nous accomplissions ainsi tout ce qui est juste. Et Jean ne lui résista plus. Dès que Jésus eut été baptisé, il sortit de l'eau. Et voici, les cieux s'ouvrirent, et il vit l'Esprit de Dieu descendre comme une colombe et venir sur lui" Matthieu 3: 15-16 (La version Louis Segond 1910).

Pourquoi Jésus a-t-il dû être baptisé ? D'après G. Campbell Morgan, le baptême de Jésus était un acte public avec lequel le Sauveur s'était identifié à tous les pécheurs. "Son baptême était l'acte par lequel il a accepté de prendre sa place parmi les pécheurs".

été bien accueillis dans les synagogues et ont eu l'occasion de parler (Actes 13:14-15). Il y a beaucoup de preuves dans les Actes que l'Église primitive a également adoré le Seigneur dans les réunions familiales, surtout en temps de persécution.

Selon les chercheurs et les historiens du premier siècle, il y avait parmi les juifs certains qui vivaient dans des endroits où il n'y avait pas de synagogues. Quelques autres avaient l'habitude de se réunir pour prier et adorer le nom du Christ sur les rives d'une rivière (Actes 16:13). Il était important de rencontrer des autres croyants et l'adoration a été établie dès le commencement de l'Église.

Comment les premiers chrétiens ont-ils adoré? Les premiers chrétiens ont fréquenté le Temple de Jérusalem (Jean 10:23; Actes 2:46; 3:1, 8, 11; 4:1-6; 5:12).

Adoration dans les lettres pauliniennes

Dans cette section de la leçon, nous allons étudier l'enseignement de Paul sur l'adoration.

L'apôtre Paul a également enseigné dans ses lettres aux églises sur l'adoration. Certains croient que 1 Corinthiens chapitres 11 et 14 sont des réponses de l'apôtre aux questions sur les pratiques du culte et d'adoration dans les congrégations. Par exemple, cette lettre décrit plusieurs situations spéciales : si les femmes devaient se couvrir la tête pendant le culte (11 : 2-16); abus au Repas du Seigneur (11 : 17-34), le sujet des dons spirituels et comment les utiliser (chapitres 12 et 14).

Paul aborde ces problèmes de manière pastorale, à partir des principes bibliques et une compréhension claire de ce qu'est une relation intime avec le Christ. Bien qu'il y ait des éléments culturels communs, comme le port du voile pour les femmes, la pratique du parler en langues dans les cultes, entre autres, qui causaient du désordre et des troubles dans les réunions parmi les croyants. Paul affronte ces pratiques néfastes face à la valeur de la fraternité et de l'unité et affaibli le caractère du Christ qui devait se refléter dans les croyants.

Proskuneo *en grec, cela se traduit surtout comme adorer, mais parfois de traduire avec le verbe "Prosterné" comme dans Matthieu 8:2; 9:18; 15h25 et autres.*

Un autre aspect important de l'adoration dans les lettres pauliniennes est le sens profond du terme grec "koinonia", qui signifie lien une vie sociale plus profonde et plus authentique que le mot camaraderie ne l'implique.

J. Donald Butler définit la koinonia comme une "communion avec l'Esprit" qui illumine et enrichit toute relation du croyant, et plus encore, la profondeur de l'amitié entre les frères en Christ (1 Corinthiens 10:16, Philippiens 1 : 5).

Le sens de la koinonia touche aussi chaque croyant dans sa vie personnelle d'adoration. En cela, nous apprécions l'expérience de l'apôtre Paul de sa conversion lorsque sa vie fut transformée de telle manière que le Christ passa tout pour lui : sa vie, son Seigneur, son modèle, sa lumière, son juge et sa gloire éternelle.

Proskuneo *se tient 48 fois dans le Nouveau Testament, et 23 d'entre eux 48 fois sont dans Apocalypse.*

Il s'est exclamé "J'ai été crucifié avec Christ; et si je vis, ce n'est plus moi qui vis, c'est Christ qui vit en moi; si je vis maintenant dans la chair, je vis dans la foi au Fils de Dieu, qui m'a aimé et qui s'est livré lui-même pour moi" (Galates 2:20).

Sa vie et son ministère étaient caractérisés par une vision christocentrique. Il a conçu l'Église comme le Corps du Christ et notre corps comme temple du Saint-Esprit, qui tient pour acquis que nous appartenons au Christ. Il a enseigné que lorsque le croyant entre dans une relation personnelle avec le Christ (conversion), le résultat est une nouvelle créature créée à l'image du Christ.

Galates 5:25 et Romains 8 expliquent ce que signifie : "marcher selon l'Esprit " et " vivre dans l'Esprit". Quand la vie du Christ, ton style de vie répond au fait d'avoir été placé sous une nouvelle souveraineté. Sa vie est guidée par l'Esprit. L'Esprit entre dans l'existence réelle du croyant (2 Corinthiens 3:3).

L'apôtre développe également le thème de la libération du péché en prenant comme base le contexte d'adoration. Il considère que la liberté n'est pas obtenue par les efforts humains mais par un abandon volontaire à Jésus qui est le Christ pour lui servir. Cette liberté en fonction des autres et doit être utilisée pour le bien-être de tous les membres du Corps du Christ (Galates 5 : 1.13). Paul interprète et utilise cette liberté en termes du Christ. Être dehors du Christ est d'être "dans la chair" et esclave de la loi du péché, vivant dans la débauche et étranger à la volonté de Dieu (1 Corinthiens 1 : 30-31).

L'apôtre recommande à l'église d'Éphèse : "entretenez-vous par des psaumes, par des hymnes, et par des cantiques spirituels, chantant et célébrant de tout votre cœur les louanges du Seigneur; rendez continuellement grâces pour toutes choses à Dieu le Père, au nom de notre Seigneur Jésus, le Christ" (Éphésiens 5 : 19-20). "Chant spirituel" (osepneumatikos) en grec signifie littéralement "chants du souffle de Dieu". Cela signifie qu'ils sont inspirés par le Saint-Esprit. Chez les autres mots, ce sont des chansons composées spontanément.

Adoration dans l'Apocalypse

Dans le livre de l'Apocalypse, il y a de nombreuses descriptions de l'adoration.

Le plus remarquable, car ce sont des exemples d'adoration céleste. Apocalypse 5: 11-14 il y a une image détaillée de l'adoration autour du trône de Dieu. Dans presque chaque chapitre du livre, il y a la louange et l'adoration.

Les adorateurs rendent gloire et honneur et actions de grâces à Dieu (4 : 9), ils chantent "le Cantique de Moïse et de l'Agneau" (5 et 15 : 3). En 5 : 8" les quatre êtres vivants et les vingt-quatre vieillards se prosternent devant l'Agneau ; ils ont tous des harpes et des bols d'or remplis d'encens, qui sont les prières des saints". En 7 : 11-12, tous les anges et anciens et tous les êtres les créatures vivantes tombent face contre terre devant Dieu.

L'aspect fondamental de l'adoration que l'Apocalypse enseigne est le principe que Dieu est le seul digne d'adoration dans tous l'univers. Au

> "La relation dans laquelle l'église se rencontre avec l'Esprit et la manière à laquelle on participe en Lui, est déterminé par leur relation avec le Christ, c'est-à-dire à cause de leur foi en Lui" Éphésiens 3:16 (Ridderbos, 1979).

chapitre 4:11, tout le monde dit : "Tu es digne, notre Seigneur et notre Dieu, de recevoir la gloire et l'honneur et la puissance; car tu as créé toutes choses, et c'est par ta volonté qu'elles existent et qu'elles ont été créées". Dieu est digne de toute adoration parce qu'il est le Créateur et notre Sauveur.

Dans l'Apocalypse 5 :12, la foule adorait le Christ : "Ils disaient d'une voix forte: L'agneau qui a été immolé est digne de recevoir la puissance, la richesse, la sagesse, la force, l'honneur, la gloire, et la louange".

Dans le Nouveau Testament, il est clair que seul Dieu le Père, Fils et Saint-Esprit sont dignes de recevoir l'adoration.

QU'AVONS-NOUS APPRIS?

Les principes d'adoration dans le Nouveau Testament nous aident à considérer que le culte d'adoration est à la fois une nécessité et une priorité dans la vie de chaque croyant et qu'elle doit être basée sur une relation étroite et personnelle avec Jésus qui est le Christ.

Leçon 3 - L'adoration dans le Nouveau Testament

Des activités

Temps 20'

DES INSTRUCTIONS:

1. Posez-vous la question : est-ce que je me considère comme un vrai adorateur selon les enseignements de Jésus dans Jean 4 : 19-24 ?

___

2. Faites une liste de deux ou trois de vos chansons chrétiennes préférées. Analyser les paroles de ces chansons, peut-on dire qu'ils adorent Dieu? Le vocabulaire utilisé par ses auteurs est-il adéquat? Pourquoi?

___

3. Écrivez un bref témoignage de votre expérience personnelle de participation au baptême et au Repas du Seigneur, en particulier sur la façon dont ils ont contribué à votre croissance et à l'affirmation de votre foi.

___

4. En groupes de deux ou trois membres, préparez un court sondage pour évaluer comment se porte la personne "Koinonia" dans votre église locale.

___

5. Dans les mêmes groupes, répondez Comment pouvons-nous enseigner aux nouveaux croyants à être vrais adorateurs?

___

Leçon 4

L'ADORATION COMME STYLE DE VIE

Les Objectifs

- Comprendre le sens d'adoration comme style de vie.
- Connaître les caractéristiques d'un vrai adorateur
- Appliquer ces principes à la vie pratique, pour évaluer notre engagement envers Dieu.

Les Idées Principales

- L'adoration en tant que style de vie est une question de valeurs, principes et croyances qui guident notre vie vers les buts de Dieu.
- Les vrais adorateurs ont une mission de service dans leur église, leur communauté et le monde, reflétant dans leur vie le caractère du Christ et de sa seigneurie sur leur vie.

Introduction

En examinant les principes bibliques de l'adoration, il est entendu que l'adoration n'est pas simplement un acte, une expression de louange, mais quelque chose de plus qui se reflète dans notre façon de vivre et qui a des implications morales et spirituelles.

Qu'est-ce qu'un style de vie?
Le style de vie fait référence au moyen de comprendre l'existence résultante d'une manière d'être, de vivre et interagir avec les autres.

Cette leçon cherche à aider le croyant à répondre aux questions suivantes : Sous quelles valeurs est-ce que je mène ma vie dans chacun des domaines dans lequel je m'épanouis en tant qu'individu? Quelles qualités et habitudes de ma vie m'identifie comme un vrai adorateur? Sous quels principes Bibliques, ma conduite, ma foi, mon obéissance, mon service et mon adoration de Dieu sont-ils fondés?

Adoration et obéissance

Un style de vie d'adoration est basé sur une connaissance de la Parole.

Beaucoup de gens pensent qu'ils peuvent adorer Dieu et en même temps mener une vie indifférente et sans compromis. Certains même continuent à pratiquer un style de vie pécheur.

L'adoration comme style de vie a voir avec ces valeurs, principes et les croyances qui se concentrent ta vie dans la personne et les desseins de Dieu.

Les évangiles relatent le moment où Jésus qui est le Christ fut tenté par Satan, et Jésus répond farouchement à ses intentions de le détourner de sa mission et l'approche correcte de la vraie adoration: "Jésus lui dit: Retire-toi, Satan! Car il est écrit: Tu adoreras le Seigneur, ton Dieu, et tu le serviras lui seul" (Matthieu 4:10).

La fausse adoration résulte de l'ignorance ou de l'indifférence à la Parole, tandis que la vraie adoration est interne (spirituelle) centrée sur une relation intime et personnelle avec Dieu.

L'adoration en tant que style de vie d'un croyant consiste à accepter la seigneurie du Christ et se soumettre aux enseignements de la Parole. En conséquence, l'adoration du croyant est conforme à sa conduite, car la simple raison que toute véritable adoration commence par un changement spiritualité qui transforme la vie de l'intérieur (2 Corinthiens 5:17). Le Dieu auquel nous croyons se reflète dans notre façon de vivre.

Adorer en esprit

Qu'est-ce que cela veut dire, adorer en esprit ?

Jean 4 :24 a dit : "Dieu est Esprit ; y il faut que ceux qui l'adorent l'adorent en Esprit et en vérité" (VLS1910). Ce passage nous fait comprendre qu'il y a de fausse et vraie adoration. La vraie adoration possède deux caractéristiques fondamentales : adorer en esprit et adorer en vérité.

Adorer en esprit réfère que l'adoration est une activité qui se réalise dans un sens spirituel de notre être. Cependant, dans cette action, ils participent aussi notre corps, notre esprit et nos émotions.

La Bible enseigne que l'humanité a été créée à l'image et à la ressemblance de Dieu a donc la capacité d'entrer en communion avec son Créateur par son esprit, qui le permet de répondre à Dieu. Marie, la mère du Seigneur, a exprimé : "mon âme glorifie le Seigneur, et mon esprit se réjouit en Dieu mon Sauveur" (Luc 1 : 46-47).

Cela signifie que la vraie adoration implique toutes nos facultés spirituelles, mentales et émotionnelles, et que l'acte d'adoration implique tout notre être.

L'adoration "en esprit" exige la sincérité du cœur, de l'esprit, les attitudes et une manière authentique d'exprimer la révérence envers Dieu. L'adoration en esprit est plus qu'un simple rite extérieur ; c'est l'esprit de l'homme qui communique avec l'Esprit de Dieu.

Valeurs:
Les qualités, idéaux et les normes qui guident une personne ou institution. La vie comme don divin a une valeur suprême, l'homme et la femme sont responsables devant leur Créateur pour sa conduite et la façon dont ils se comportent.

Adorer en vérité

Qu'est-ce que cela veut dire, adorer en vérité?

L'adoration en vérité fait référence à la qualité de l'adoration. Adoration de la qualité se distingue par les éléments suivants :

Elle est basés sur la connaissance de qui est Dieu (Luc 24 : 17-48 ; Éphésiens 3 : 14-19).

La vraie adoration implique l'esprit. Cela signifie que la compréhension de qui est Dieu en termes de sa nature, son œuvre et son personnage. Jésus qui est le Christ est venu pour que les gens connaissent Dieu par leur vie, ses enseignements et son œuvre de salut sur la croix.

Jésus, le Christ savait qu'il n'y a pas de véritable adoration sans compréhension significative de ce qui est cru et adoré. Nous ne pouvons pas adorer vraiment ce que nous ne savons pas. C'est pourquoi Jésus a pris le temps d'enseigner à ses disciples qu'il était venu pour accomplir les Écritures. Ouvert leurs yeux et leur compréhension afin qu'ils comprennent qui il était et quel était le pourquoi et la raison de tout ce qu'il a fait.

Leçon 4 - L'adoration comme style de vie

Nous avons été créés avec le besoin de connaître intimement le Créateur et ne pas le faire est un manque qui nous empêche d'être pleinement heureux. L'adoration est programmée dans notre nature humaine et c'est pourquoi que les êtres humains ont toujours un objet ou un sujet d'adoration.

Malheureusement, par manque de lumière, beaucoup vénèrent de faux dieux qui ne peuvent les sauver ou répondre à leurs besoins spirituels.

Elle doit être centrée sur Jésus, le Christ (Actes 17 : 24-31 ; Romains 8 : 5-6)

L'adoration est le résultat d'une relation intime avec Dieu, qui est accomplie par une rencontre personnelle avec le Christ. L'adoration est basée sur une communion avec Jésus par sa Parole, la prière, la méditation, service, adoration en privée et en congrégation.

Jean 14 : 6 raconte ce qu'est Jésus, le Christ dans sa nature, son caractère et son but pour les êtres humains : "Jésus leur dit : Je suis le chemin, la Vérité et la Vie, personne ne vient aux Parents si ce n'est pour moi" (VLS 1910). De la même manière que le livre des Actes déclare "et en aucun autre il n'y a de salut ; parce qu'il n'y a pas d'autre nom sous le ciel, donné aux hommes, dans lequel nous puissions être sauvés" (Actes 4:12).

Le Dieu auquel nous croyons se reflet à la façon dont nous vivons.

Quelle est la raison pour laquelle l'adoration devrait être centrée sur Jésus qui est le Christ? La raison simple et principale est qu'il est le seul vrai Dieu, et Il est la vérité, et en dehors de Lui, tout acte d'adoration que l'homme exprime s'appelle l'idolâtrie.

*Elle est basée sur la Parole
(Psaume 119 : 97-105 ; 1 Jean 5 : 1-13)*

Il ne suffit pas d'adorer avec sincérité, on doit adorer selon la vérité de la Parole de Dieu. Trois questions importantes entrent en jeu ici : qu'est-ce que cela veut dire, adorer, pourquoi est-ce qu'on adore et comment adore-t-on. La Bible comme seule source d'autorité, de révélation et de vérité nous fait savoir comment l'homme doit s'approcher de Dieu et exprimer sa louange à son Créateur et Rédempteur. Elle fournit le fondement correct qui convainc le cœur et l'esprit de l'homme, et l'éloigner de tout égoïsme et égocentrisme dans l'adoration.

Adorer Dieu est l'un des fins pour lesquelles nous avons été créés (Esaïe 43:6,7 et Ephésiens 1:12).

La vraie adoration ne part pas de ce que l'homme considère comme précieux et sacré, de sa philosophie de vie, de la satisfaction de ses besoins, mais de ce que la Bible révèle à propos de Dieu et de l'homme. Jean 17 :17 il dit : "Ta Parole est la vérité" (VLS 1910). La vraie adoration devient forte en apprenant davantage sur Dieu à travers Sa Parole.

*Elle a l'objectif de plaire à Dieu en tout
(1 Corinthiens 4:2)*

Les motivations de notre cœur doivent être sincères, non fondées en apparence, mais dans l'intention de plaire à Dieu en tout ce que nous faisons dans notre vie quotidienne. Par exemple : dire la vérité à tout moment, être honnête dans le respect au travail, être fidèle à nos convictions chrétiennes, nous conduire saints dans nos relations interpersonnelles dans le mariage, la famille, l'église et le travail.

Ce qui précède a à voir avec l'intégrité, à la fois interne comme extérieur au croyant, ce qui se traduit par "être fidèle à Dieu en tout". Cela signifie réfléchir sur le monde avec des faits concrets que notre vie adorer Dieu (Psaumes 24 : 3-4).

L'obéissance est la manière la plus sublime de montrer à Dieu combien nous l'aimons et le respectons "... certainement obéir vaut mieux que des sacrifices, et attention à la graisse des béliers" (1 Samuel 15:22).

Adorer Dieu est une source de bien-être aux êtres humains.

Comment être un meilleur adorateur ?

Dans cette section, nous verrons un guide pratique pour être des meilleurs adorateurs.

1. Concentrer sur l'adoration envers Dieu.

L'ensemble du programme de nos cultes individuels et congrégationaliste devrait être conçu pour concentrer notre attention sur Dieu et concentrer nos pensées sur Lui.

L'adoration ne consiste pas dans ce que je vais recevoir, mais dans ce que j'exprime de tout mon être, concernant ce qu'est Dieu : " Mon âme, bénis l'Éternel et que tout ce qui est en moi, bénissez son nom" (Psaume 103 : 1).

La vie du vrai adorateur est centrée sur ce qu'est Dieu et ses œuvres. À quel point serait-il important pour nos églises de prendre un certain temps pour évaluer les différents éléments d'adoration, de la prédication, de la prière publique, la direction des chants, la célébration du Repas du Seigneur, la musique, offrandes, et nous demandons : La manière dont tout cela est réalisé, aux moments d'adoration… vraiment rendre gloire à Dieu?

Rappelons-nous que l'adoration est la réponse naturelle du cœur du croyant quand il y a une compréhension claire de la présence et du caractère de Dieu.

L'adoration en esprit fait référence à l'esprit de l'homme qui se communique avec l'esprit de Dieu.

2. S'engager à vivre dans la sainteté.

Les Écritures donnent une preuve profonde que la personne qui s'approche de Dieu, doit se séparer de toutes sortes de maux, car la nature même de Dieu l'exige (1 Pierre 1:16). Quiconque veut se rapprocher de Dieu doit avoir un désir personnel ou un besoin de sainteté dans la vie.

Tes objectifs et aspirations tournent autour de qui est Dieu?

Leçon 4 - L'adoration comme style de vie

Des exemples de style de vie d'adoration dans la bible
Travail - 1:20
David - 2 Samuel 12:20.

"Dieu prend plaisir à vie des fidèles, rien ne lui fait plus plaisir que la qualité de vie qui démontre l'adorateur. C'est pratique, alors, que le croyant est proposé de lui faire plaisir imiter le Christ dans tout"
(Sorge, 1987).

" Adorer c'est réveiller la conscience par le moyen de la sainteté de Dieu, nourrir l'esprit avec la volonté de Dieu, forger l'imagination avec la beauté de Dieu, ouvrir le cœur à l'amour de Dieu et dédier la volonté au plan de Dieu"
(William Temple).

La sainteté est le contraire d'une vie dans le péché. On comprend comment aimer Dieu de tout notre être, de lui obéir en tout et de le servir vigoureusement. L'adoration de Dieu doit venir d'un cœur pur et aimant le Dieu très saint. De même, l'auteur des Hébreux déclare que la sainteté est la condition pour voir Dieu (Hébreux 12:14). La sainteté n'est pas seulement une doctrine, c'est le fondement d'une vie victorieuse, enrichie par la présence de Dieu; c'est vivre à l'exemple du Christ.

L'adoration qui plaît à Dieu vient d'une vie sainte. L'Apôtre Paul dit que les hommes devraient lever la main "avec une pureté de cœur, sans colère ni querelle" (1 Timothée 2 : 8).

Nos relations avec nos semblables doivent être motivées par amour (Matthieu 5:24, 1 Jean 4:20). De même, les maris sont encouragés à traiter leurs femmes avec respect en les honorant, afin que rien n'interfère avec leur prières (1 Pierre 3: 7).

3. Adorer en privé et avec le peuple de Dieu.

Certaines personnes croient que la vraie adoration se produit lorsque cela se réalise dans la congrégation, mais ils ne réalisent pas que le secret d'adoration publique est dans la dévotion privée, qui se caractérise principalement par une discipline de prière intense (Matthieu 6 : 6).

La Bible enseigne que l'adoration privée est très important pour la croissance spirituelle (Exode 29 : 38-39 ; Psaume 55 :17 ; Daniel 6 :10).

De nombreux chrétiens de nos jours croient qu'ils peuvent être vrais fidèles sans avoir besoin de se rassembler dans une église.

Il ne faut pas minimiser l'effet sain de l'adoration collective significative. L'ordre, la régularité et la discipline de la fréquentation de l'église sont toujours des expressions de notre fidélité personnelle. L'adoration collective est beaucoup plus riche s'il naît d'une expérience de rencontre quotidienne intentionnelle avec Dieu.

4. Servir les autres.

Les mots bibliques d'adoration et de service dérivent du même terme. Les deux sont utilisés en relation avec le service à Dieu, que ce soit dans le temple ou dans la vie quotidienne. Cela nous permet de comprendre que lorsque Dieu nous appelle et nous demande d'avoir une relation intime avec Lui, ses buts en nous assignant une tâche divine de service aux autres (Matthieu 28 : 17-20). Nous sommes appelés à être toujours rien de moins que l'incarnation de son amour.

L'activisme ne doit pas être confondu avec l'adoration ou le service sans relation personnelle avec le Christ. L'apôtre Paul met en garde contre l'inutilité de distribuer tous les biens, nourrir les pauvres, et même livrer le corps dans sacrifice, sans il n'y a pas d'amour (1 Corinthiens 13 : 3).

Dans leur empressement à servir le Seigneur, il y a des gens qui négligent leur amour pour Lui. Jésus y fit référence en disant : "car il est écrit : Tu adoreras le Seigneur ton Dieu, et lui seul tu serviras" (Matthieu 4:10), donc, passant beaucoup de temps sur le service aux autres ne doit jamais se substituer à l'adoration.

> "L'adoration... c'est une pratique que nous introduit sur le trône de la grâce de recevoir la bénédiction divine. C'est un fil qui rejoint l'homme avec le monde céleste. Cette adoration transforme, renforce la vie de l'homme de manière globale, satisfait tous les besoins, donne le bonheur et la paix à l'âme, conduire l'action évangéliste et fortifie les bases doctrinales de l'église du Christ" (Cuxum, 2001).

Qu'avons-Nous Appris?

Un style de vie d'adoration consiste en une vie focalisée en Dieu et dans ses desseins. C'est une vie qui cultive une relation vivante et personnelle avec Jésus qui est le Christ, c'est rempli de l'amour de Dieu et s'éloigner du péché. Les vrais adorateurs ont une mission de service dans leur église, leur peuple et leur nation, reflétant le caractère du Christ et sa seigneurie sur leur vie.

Leçon 4 - L'adoration comme style de vie

Des activités

Temps 20'

DES INSTRUCTIONS:

1. Pose cette question à toi-même: as-tu déjà ressenti un fort sentiment de la présence de Dieu lorsque tu l'adores en privé ou collectif ? Dans quel moment?

_____
_____
_____

2. Évaluer : dans quelle mesure ta vie est-elle actuellement axée sur les valeurs, les principes et les objectifs de Dieu?

_____
_____
_____
_____

3. Écris une réflexion personnelle sur la définition suivante : "L'adoration est la réponse de notre esprit à l'Esprit de Dieu. L'adoration qui plaît à Dieu est profondément émotionnelle et doctrinale" (Rick Warren).

_____
_____
_____
_____

4. Activité pour toute la classe : Définitions négociées. Une minute de temps est allouée pour chaque étape.

Première étape : Chaque élève rédige une courte définition dans ses propres mots, en répondant à la question : Qu'est-ce qu'un style de vie d'adoration ? (pas plus de 12 mots).

Deuxième étape : En groupes de deux élèves, qu'ils négocient les deux définitions et n'en écrivent qu'une.

Troisième étape : Groupe de quatre étudiants (deux des groupes de la deuxième étape) et négocier à nouveau ses deux définitions jusqu'à ce qu'il n'en reste qu'une.

Quatrième étape : le processus est répété jusqu'à huit élèves.

Cinquième étape : Chaque groupe de ci-dessus nomme un représentant qui négocie avec les représentants des autres groupes jusqu'à ce qu'ils obtiennent une définition unique de toute la classe en 12 mots maximum et l'écrivent au tableau pour que tout le monde puisse lire.

Leçon 5

L'ADORATION DE LA CONGRÉGATION

Les Objectifs
- Étudier les éléments et événements d'adoration dans le culte.
- Connaître l'importance de la planification de l'adoration.
- Discerner les critères pour la planification de l'adoration.

Les Idées Principales
- Une bonne planification facilite le travail du Saint-Esprit transformant la congrégation.
- Une planification sage distribue les éléments de l'adoration significative pour la vie des adorateurs.

Il y a de nombreux aspects à considérer dans la planification de l'adoration. Il est nécessaire de penser dans l'objectif général de chaque service et prévoir cette demande à chaque instant, il faut aussi considérer le moment de l'histoire de l'église, ou les circonstances qu'elle a traversé.

Le rassemblement des croyants dans le nom du Seigneur Jésus qui est le Christ lui-même est un événement sacré et digne d'être célébré avec excellence puisque c'est Jésus qui est le Christ lui-même qui nous appelle à se réunir.

Introduction

Parmi des nombreuses formes d'expression de l'adoration, il convient de souligner une en particulier qui est : l'adoration de la communauté ecclésiale, où la congrégation unanime et harmonieuse célèbre la grandeur de Dieu.

Une excellente adoration ne se fait pas toute seule, elle est le produit des efforts et la préoccupation du pasteur, des leaders et de la congrégation.

Le but de l'adoration

Il est nécessaire de définir le but de chaque adoration.

Chaque service doit avoir un but ou un objectif général. C'est important de se demander: quels sont les buts des cultes d'adoration que nous avons dans notre église? Il y aura des services d'évangélisation, de sanctification, de guérison, célébration, Sainte Cène ou Baptême, entre autres.

Il est important que les services de sacrement ou de baptême soient des cultes au lieu que ces événements fassent partie du programme d'adoration. C'est-à-dire que ces sacrements exigent qu'on leur accorde l'attention nécessaire, ils doivent avoir la présentation et le placement qui leur correspond au sein du culte d'adoration, pour sa grande importance et son but de croissance spirituelle.

L'adoration doit être intégrale, c'est-à-dire que tous ses moments doivent être se rapporter à un axe thématique. Dans un service funéraire, par exemple, les éléments d'adoration doivent être organisés de telle manière que les croyants puissent recevoir un message de réconfort et d'espoir.

L'adoration doit avoir une progression logique dans ses différents éléments organisés de manière à amener la congrégation à se concentrer sur l'objectif central. Le manque de cohérence entre les éléments d'adoration enlève du sens à la vie des gens. Une chanson peut être utile pour disposer l'esprit et le cœur du croyant à entendre et à discerner le message du prédicateur; une lecture biblique complémentaire peut soutenir la compréhension d'un thème dans le sermon. Une séquence de chansons un témoignage spécifique qui est lié au "thème-emphase" Ils peuvent avoir un effet très profond sur l'édification de l'église.

Il est bénéfique que les dirigeants et le comité d'adoration ou le ministère évaluent périodiquement le développement, l'évolution et l'utilisation de chaque élément du culte d'adoration, afin d'identifier les faiblesses et les forces des programmes et ainsi les améliorer.

Des moments du programme dans le culte d'adoration publique

Les moments de culte d'adoration doivent être planifiés en fonction d'objectifs spécifiques.

Pour développer le programme d'un culte qui exalte le Christ et contribue à la croissance de l'Église, les objectifs spécifiques suivants .

Les objectifs spécifiques que l'adoration devrait avoir:

- Offrir des moments de rencontre avec Dieu au milieu de l'adoration et la louange.
- Accorder du temps à la méditation et à la confession du péché.
- Ayez un espace pour la célébration et des opportunités pour l'action de grâce.
- Servir par le moyen de la prière pour les besoins.
- Offrir des occasions de donner (offrir) et de recevoir (affirmation).
- Avoir de l'espace pour répondre avec l'engagement et dévouement.

Chacun de ces objectifs spécifiques mérite cependant d'être expliqué pour des raisons d'espace, nous n'avons à traiter que de quelques-uns en particulier.

Temps de méditation et de confession

Les croyants et les non-croyants ont besoin du temps et des opportunités pour réfléchir à leur vie et prier pour leur besoin spirituel. Cela n'a pas besoin d'être très long, pas le même montant ou avoir le même format chaque semaine. Ce temps devrait être directement proportionnel aux besoins de la congrégation. Le but de ce temps est que les croyants puissent évaluer leur vie et demander pardon s'ils ont offensé Dieu dans leurs pensées, leurs paroles ou leurs actions au cours de la semaine.

> "*Nous croyons en l'Église, la communauté qui confesse Jésus qui est le Christ en tant que Seigneur, le Peuple de l'Alliance de Dieu renouvelé en Jésus, le Christ, le corps du Christ appelé à être un par le Saint-Esprit à travers la Parole. Dieu appelle l'église pour exprimer sa vie dans l'unité et communion de l'Esprit; en adoration à travers de la prédication de la Parole, dans le respect des sacrements et en exerçant son ministère dans son nom; pour l'obéissance au Christ et la responsabilité mutuelle* (Manuel de l'Église du Nazaréen, Article de foi no. 11)."

> **Action de Grâces:** *la réponse du peuple à la grâce (don immérité) reçu de Dieu.*

> **Liturgie:** *forme avec laquelle s'effectuent les cérémonies d'une religion, comme les services du temple, exercice public de la religion et du culte d'adoration communauté spirituelle.*

> Les croyants ne peuvent pas adorer librement quand ils ont des comptes en attente avec leur Seigneur. Les temps de louange et prière dans l'adoration sont bons pour recevoir son pardon, même avant que le sermon commence.

Moments de célébration

Dans le culte, il devrait y avoir une occasion de célébrer la joie d'être les disciples du Christ et de faire partie de son peuple. Chaque dimanche, l'Église célèbre la résurrection de Jésus, le Christ, survenue le premier jour de la semaine. Malgré les épreuves et les difficultés de la vie, une église a de nombreuses raisons de célébrer.

Des opportunités d'action de grâce

Quand Dieu travaille dans la vie de chaque croyant de manière naturelle, la gratitude et l'adoration en réponse à la grâce reçue. L'adoration doit fournir des espaces pour que ce remerciement ou action de grâce se manifeste. Ceux qui président le service doivent guider la congrégation et le montrer la variété de formes d'exprimer ce remerciement au Seigneur.

Des opportunités pour donner et de recevoir

Les croyants ont un profond besoin d'être nourris ou affirmé dans leur foi. Ils ont besoin de renforcer leurs croyances parce que chaque jour dans le monde, ils font face aux tentations et aux forces spirituelles du mal qui essaient de les faire douter et d'abandonner leur foi. Pour avoir de la force pour résister "à la convoitise de la chair, à la convoitise des yeux et à l'orgueil de la vie", ils ont besoin d'entendre des paroles d'encouragement et de réconfort pour leurs âmes, à travers la Parole et les paroles de Ses serviteurs (Ephésiens 3: 14-21).

La lecture biblique

La lecture biblique doit occuper une place centrale dans l'adoration. La lecture biblique doit se faire avec respect et excellence. Le lecteur doit lire bien et avoir une bonne voix et prononciation. Les différents genres de la littérature biblique comme la poésie, les histoires, les drames, etc. elles doivent être lues correctement. La lecture correcte d'un passage doit conduire au reflet de celui qui lit et écoute (Psaumes 19 : 7-10) c'est pourquoi il faut le faire en une version compréhensible pour la congrégation.

La place de l'autel dans l'adoration

Chaque sermon devrait encourager les auditeurs à s'engager avec Dieu. Dans un sermon sur l'appel au ministère, par exemple, de nombreux devraient écouter la voix de Dieu les invitant à consacrer leur vie pour la mission. Ce moment est important pour la vie des gens et pour cela, il doit avoir sa place dans le programme et être planifié avec beaucoup d'attention.

Le moment de l'autel est le moment culminant du culte où l'objectif prévu se concrétise dans la vie de ceux qui répondent à l'appel de Dieu. Avec une bonne planification et l'aide du Saint-Esprit, les moments d'autel peuvent faire une différence dans la vie des gens.

Modèle d'un programme de culte dévotionnelle du dimanche:

	Heure	Contenu	Commentaires
1.	10:00 à 10:05	Prélude musical	
2.	10:05 à 10:10	Invocation	Prière de dédicace du culte d'adoration envers Dieu
3.	10:10 à 10:15	Chant d'assemblée	Pour concentrer l'esprit en Dieu
4.	10:15 à 10:20	Prière pastorale	
5.	10:20 à 10:50	Louange et adoration	
6.	10:50 à 10:55	La lecture biblique	
7.	10:55 à 11:00	Offrandes et dîmes	
8.	11:00 à 11:15	Activité spéciale	Peut-être : présentation des enfants, sainte cène, etc.
9.	11:15 à 11:50	Message	
10.	11:50 à 12:05	Appel d'autel	
11.	12:05 à 12:10	Prière de bénédiction	
12.	12:10 to 12:15	Postlude musical	

L'adoration ne doit jamais être utilisée ou prêchée pour "Gronder" les croyants. Quand il y a des gens qui ont besoin d'être corrigé. C'est beaucoup plus correct et efficace que les dirigeants les confrontent spirituellement, personnellement et en privé.

L'importance de la planification

Une excellente adoration est le résultat d'une bonne planification.

La responsabilité des planificateurs du culte d'adoration est de promouvoir l'environnement pour l'adoration en esprit et en vérité. Le pasteur et le groupe chœur d'adoration, devrait travailler ensemble pour planifier un excellent service d'adoration, reconnaissant qu'au-dessus de leurs capacités et de leurs talents, est la puissance du Saint-Esprit.

La planification ne remplace pas le Saint-Esprit, mais l'Esprit peut agir grâce à une bonne planification. L'improvisation est synonyme d'irresponsabilité, et Dieu veut que ses serviteurs soient diligents. Le Saint-Esprit peut inspirer ses serviteurs, tout au long du processus et du temps de la planification (Lévitique 8, Luc 12:7-20).

La planification peut faire une différence dans le ministère de louange de nombreuses églises, et peut contribuer de manière significative à transformer la vie des fidèles (congrégation, pasteur et leader de louange).

Il existe de nombreuses façons de planifier un service, mais pour cela il est très important de garder à l'esprit leur objectif principal. Un service régulier avec l'objectif requiert les éléments suivants :

- Le pasteur demande l'équipe du ministère d'adoration de faire un programme basé sur le sujet de son sermon (l'objectif).
- Les musiciens essaieront d'inclure quelques hymnes et/ou chansons dans le service liés à ce sujet.

Exemples des activités ou des moments à l'intérieur d'adoration: louange, prière, témoignages dîmes et des offrandes, sacrements (quelle est l'occasion), lecture de la Bible, des chants spéciaux et des moments artistiques, etc.

Leçon 5 - L'adoration de la congrégation

> La durée du culte d'adoration bien qu'en bref, peut être bien utilisé. Le culte est pour l'adoration du Seigneur et pour l'édification de la congrégation. Faites-le avec l'excellence exigera de mettre tout cœur, esprit, âme et les forces dans la planification.

- La lecture biblique peut aussi être un passage complémentaire au texte de sermon.
- Une chanson spéciale peut contribuer à souligner le thème du service.
- Les mots d'introduction au culte peuvent servir à accentuer cet accent du message, ainsi que chaque événement du culte d'adoration.

L'accent n'a pas besoin d'être trop explicite, il peut être subtil.

Par contre, ce serait un gâchis total de planifier une adoration sans aucun lien (implicite ou explicite) avec le message du prédicateur. C'est important aussi, varier l'ordre du programme d'adoration et être créatif pour inclure de la variété et créer une atmosphère d'attente pour ce que Dieu va faire dans la vie de son peuple.

Le culte d'adoration du Baptême et de la Cène du Seigneur

Les services dans lesquels les sacrements sont enseignés méritent une bonne planification.

Le baptême est un acte qui marque la vie de chaque croyant à son étape initiale de la vie chrétienne. Dans la planification du service de baptême, il y a beaucoup de détails à considérer. Par exemple, il faut qu'on se demande, où cela va-t-il avoir lieu? Comment ça va se faire? Combien de personnes seront baptisées? Dans quelle partie les nouveaux croyants participent-ils? Qu'est-ce que l'ordre du programme? Comment utiliser ce culte d'adoration pour encourager les autres à avoir une rencontre personnelle avec le Christ, pour commencer des cours de discipulat et rejoindre la famille de Dieu par le baptême?

> *En tant que chrétiens, nous croyons que Dieu guérit aux malades. Le Manuel de l'église du Nazaréen dit: "Nous croyons à la doctrine de la guérison biblique divin et nous exhortons notre adhésion à chercher une opportunité de faire une prière de foi pour la guérison des malades" (Article de foi n° 14).*

L'adoration de la Cène du Seigneur devrait être célébrée fréquemment. Le manuel de l'Église du Nazaréen dit que les pasteurs devraient administrer le sacrement de la Sainte-Cène au moins une fois tous les trois mois (Manuel 2005-2009: article 413.11), bien que de nombreuses églises le célèbrent un dimanche par mois. La Cène du Seigneur est riche de sens et il y a plusieurs façons de le célébrer. L'adoration de la Cène du Seigneur commémore le sacrifice de notre Seigneur Jésus qui est le Christ (1 Corinthiens 11:26).

Cependant, il existe de nombreux enseignements liés à ce sacrement. Par exemple: le lien entre la Cène et la Pâque du Seigneur (Exode 12), la célébration de la résurrection de Jésus et de son royaume à venir (Luc 22:16); l'aspect communautaire du culte d'adoration médité par le Christ (1 Corinthiens 10:16-17 ou Jean 17:20-23); que Christ est le pain de vie (Jean 6:53); le lien entre le pain comme symbole du corps du Christ, rompu par nous et le Corps du Christ qu'est l'Église (Éphésiens 5:25-27), entre autres.

La planification des cultes spéciaux

Les services spéciaux nécessitent une planification différente.

Dans les cultes spéciaux, d'innombrables moments importants peuvent être célébrés. Ces événements peuvent être inoubliables, ou simplement se produire de manière inaperçue s'ils ne sont pas bien utilisés. Beaucoup de ces occasions sont des occasions précieuses de connecter la congrégation avec la communauté.

Des cultes d'action de grâce et de témoignage

Un témoignage d'un nouveau croyant, d'une expérience de guérison, ou de la providence et la protection de Dieu sont des outils que le Seigneur utilise a un impact sur la vie de nombreuses personnes. Ces cultes peuvent servir pour les finalités suivantes :

Glorifier Dieu publiquement pour ses œuvres miraculeuses.
L'évangélisation.
Sanctification.
Oindre et prier pour les malades.
Promouvoir les ministères d'évangélisation et du discipulat.
Appel au ministère (pastoral ou laïc).
Promouvoir un nouveau cours: comme un cours sur l'administration des finances personnelles, des cours pour les parents des adolescents, etc.

Journées spéciales et dates commémoratives

Au cours de l'année, il y a des moments exceptionnels qui méritent d'être célébrés comme l'anniversaire de l'église, l'anniversaire de l'Église du Nazaréen, jour du pasteur, jour de l'enseignant, une reconnaissance au service d'un frère ou d'une sœur dans l'église; le dévouement d'un bâtiment, l'organisation d'une église, la présentation et l'installation du nouveau pasteur ou un hommage au pasteur sortant, entre autres.

Tout moment spécial de l'église ou de la communauté peut être utilisé comme un événement spécial dans la vie de la congrégation.

Le calendrier chrétien regorge de dates commémoratives qui sont dues célébrer, comme : Pâques, le dimanche de la Résurrection, la Pentecôte et la Noël, entre autres. Il existe également des jours calendaires spéciaux tels que: Fête des mères, fête des pères et fête des enfants. Ces jours-ci, peuvent être célébrés au culte d'adoration du dimanche ou à des autres jours et heures.

Les dates spéciales sont idéales pour inviter des amis et des voisins de la communauté.

Le culte chrétien ne doit pas être une "démonstration" ou un spectacle pour plaire ou divertir les personnes qui sont présentes.

QU'AVONS-NOUS APPRIS?

En planifiant le culte de Dieu, on doit avoir des objectifs clairs et planifier soigneusement chaque partie du programme pour que chaque service soit une expérience transformatrice de célébration et renforcement spirituel dans la vie de la congrégation.

Leçon 5 - L'adoration de la congrégation

Des activités

Temps 20'

DES INSTRUCTIONS:

1. À cette époque, les croyants ont différentes versions de la Bible, vous devez donc faire attention lors de la planification des heures de lecture dans le culte. Par exemple, lors de la planification de lectures publiques sous la forme alterner.... Quelles suggestions peut-on donner pour que ce moment soit vraiment à l'écoute de la Parole de Dieu au lieu de nombreuses voix non coordonnées?

_____
_____
_____
_____

2. L'un des moments qui demande de la créativité dans les services de baptême est le temps de "séchage et changement de vêtements" après les baptêmes. Cet espace est généralement rempli d'un temps supplémentaire de louanges, cependant aucun moment d'adoration ne devrait être simplement pour "remplir" le temps. Quelles sont les idées que vous pouvez donner pour profiter de ce moment et lui donner du sens?

_____
_____
_____
_____

3. En groupes de 3 ou 4, évaluez les programmes de culte dans votre église. Les cultes ont-ils un objectif clair et est-il atteint grâce au programme? Les objectifs sont-ils atteints dans les services spécifiques? Partagez avec le reste de la classe de manière critique mais constructive.

_____
_____
_____
_____

4. Dans les mêmes groupes, concevez un programme pour un service d'adoration qui est "différent" des programmes habituels ils ont lieu dans votre église locale, mais contiennent tous les objectifs spécifiques étudiés dans la leçon.

_____
_____
_____
_____

Leçon 6

LE SAINT-ESPRIT
ET L'ADORATION

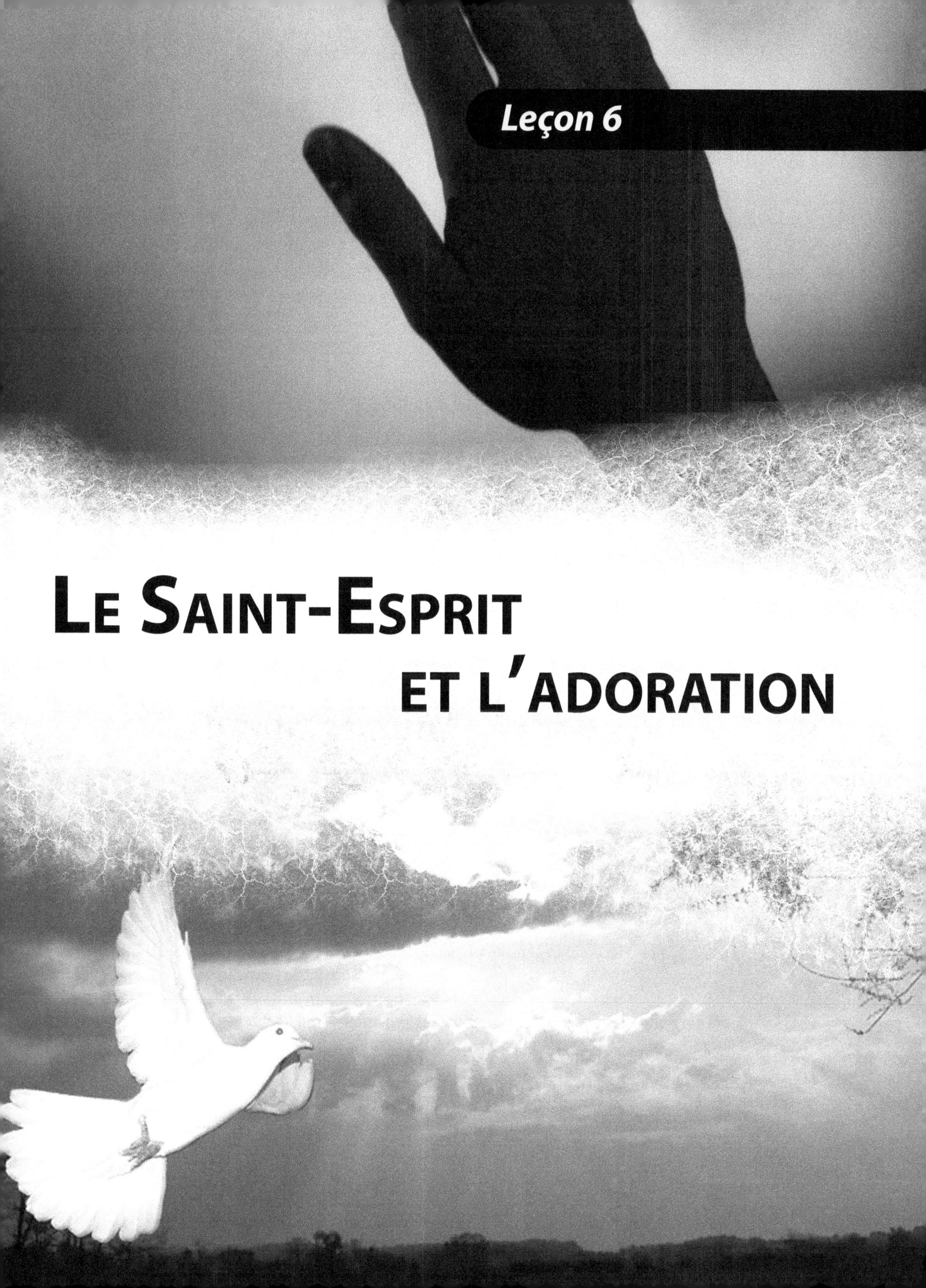

Les Objectifs

- Connaitre qui est et que fait le Saint-Esprit?
- Comprendre que seulement l'Esprit nous fait des vrais adorateurs.

Les Idées Principales

- Le même Esprit qui a habité en Jésus est celui qui vit dans ses fils et filles.
- Le Saint-Esprit nous permet d'aimer Dieu davantage.
- Seulement nous, étant des temples du Saint-Esprit pouvons adorer Dieu en Esprit et en Vérité.

Introduction

Dans la création du monde, racontée dans la Genèse 1 et 2, nous pouvons voir l'Esprit de Dieu en action et puis dans l'Ancien Testament on le trouve en transmettant le message de Dieu aux prophètes (Ézéchiel 11:5). Dans le nouveau Testament, il s'est révélé avec la personne de Jésus qui est le Christ, dirigeant sa vie et son ministère. En montant au ciel, Jésus, le Christ a laissé son église aux soins du Saint Esprit.

L'Esprit est l'agent divin qui agit dans les enfants de Dieu leur conférant la vie spirituelle et éternelle, recréant en eux l'image de Dieu qui a été déformé par le péché, leur apprenant à vivre dans la sainteté et les guidant dans une mission pour atteindre les perdus. L'Esprit révèle le Fils et conduit le chrétien dans toute la vérité.

Révélation: Acte volontaire de Dieu se faire connaître aux êtres humains et les attirer pour communier avec Lui.

Pour l'étude de l'œuvre de l'Esprit dans le salut : Jean 1:12,13; 3:5, 6, 36 et 5:24; Éphésiens 2:5-6 ; Tite 3:5,6 Galates 5:25.

Le Saint-Esprit dans l'Ancien Testament

Dans l'Ancien Testament, l'Esprit a oint les dirigeants du peuple de Dieu.

Dans l'Ancien Testament, l'Esprit reçoit les noms de: "Esprit" (Genèse 6:3), "Esprit de Dieu" (2 Chroniques 15:2), "Esprit de Jéhovah" (Isaïe 11:2), "souffle du Tout-Puissant" (Job 32:8), "Esprit du Seigneur" (Isaïe 61:1).

L'Ancien Testament révèle le Saint-Esprit comme la présence dynamique de Dieu dans la création (Genèse 1:1-2), donnant vie au premier couple humain et comme principe de vie et de subsistance (Genèse 2:7; Job 33:4). Plus tard dans l'histoire, le ministère de l'Esprit se concentre particulièrement sur la formation des personnes choisies par Dieu, en leur accordant des capacités spirituelles, intellectuelles et physiques, généralement pour le leadership du peuple de Dieu.

C'est le Saint-Esprit qui nous forme et nous motive à répondre à l'amour de Dieu par le moyen du culte d'adoration tellement individuel, en tant que communauté.

La présence de l'Esprit dans la vie d'une personne était représentée dans l'onction d'huile. Parmi ces dirigeants se trouvent des sacrificateurs, des prophètes, des juges, rois et personnes avec de grands talents et capacités artistiques pour la construction du Temple (Exode 31:1-6; Juges 3:10; 1 Samuel 11:6).

La mission de l'Esprit dans l'Ancien Testament était d'inspirer les prophètes, par qui Dieu a fait connaître son message aux rois, pour la nation d'Israël et des autres nations (Michée 3:8, Ézéchiel 11:5).

Ce sont les prophètes qui annoncent que l'Esprit de Dieu serait répandu sur tout le peuple de Dieu et sur toute l'humanité dans le temps de la venue de Jésus qui est le Christ, qui s'accomplit le jour de la Pentecôte (Joël 2:28, 29; Ésaïe 44:33, 59:21; Ézéchiel 39:29 et Actes 2:39). L'action de l'Esprit s'exercerait de l'intérieur du cœur humain travaillant de manière régénératrice et sanctifiante (Ézéchiel 37:14; 36:26, 27; Jérémie 31:33; 1 Corinthiens 3:16; 2 Corinthiens 3:3, 6).

En hébreu le mot "Esprit" signifie souffle, vent, air. Il est identifié avec le souffle de Dieu qui donne la vie. Cette bouffée de Dieu est celui qui donne la vie à l'être humain, sans lui ce ne serait que de la matière inerte (Genèse 2:7; Job 33:4; Ézéchiel 37:9).

L'oeuvre du saint-esprit dans l'ancien testament	
1) Dieu n'a oint de son Esprit que ceux qui sont appelé à un ministère spécial.	Exode 31:3; Juges 3:10; 1 Samuel 16:13; 1 Pierre 1:10
2) Les serviteurs de Dieu étaient revêtus de l'Esprit pour un temps, alors il pourrait être retiré.	1 Samuel 10:10; Ézéchiel 2:2, 3:4; Psaumes 51:13 et autres.
3) L'œuvre de l'Esprit dans le cœur humain ne pourrait être complet jusqu'à ce que le Christ ait fait la purification des cœurs par sa mort sur la Croix. C'est pourquoi que dans l'Ancien Testament il est dit que l'Esprit "s'est posé" sur une personne ou "était sur lui" et pas qu'il était "dans" cette personne.	Nombres 11:25; Juges 3:10, 11:29; 1 Corinthiens 12:13.

Le Saint-Esprit depuis la Pentecôte

Le Saint Esprit se repend sur l'Église toute entière et guide son ministère.

Le jour de la Pentecôte est plus que le début de l'ère chrétienne. Il marque le début d'une nouvelle ère dans laquelle Dieu travaille d'une manière très différente et au fond du cœur de ses serviteurs. Ce n'est que jusqu'au jour de la Pentecôte que Dieu accomplisse sa promesse de répandre son Esprit sur toute chair (Actes 2:17): Dieu a mis son Esprit dans l'homme et la femme (Jean 16:7; 14:16-17), un fait qui n'était pas possible avant la mort et résurrection du Christ, qui a rendu possible la purification du péché dans le cœur de ses disciples.

Dans le Nouveau Testament, tout le ministère de l'Esprit est basé sur l'œuvre de Jésus qui est le Christ. Le but du ministère de l'Esprit est de glorifier Jésus (Jean 16:13-14). Sans l'action de l'Esprit, personne ne pourrait s'approprier la vie du Christ. C'est pourquoi dans le reste des livres du Nouveau Testament, le Saint-Esprit reçoit des noms qui l'associent au Christ comme étant: "Esprit de Jésus" Actes 16:7), "Esprit du Christ" (Romains

Jésus utilise la métaphore du vent pour illustrer le travail vivifiant de l'Esprit dans le cœur de ses disciples (Jean 3:8, 29:22 et Actes 2:2).

Cette métaphore a identifié l'Esprit avec le céleste et avec le Dieu Tout-Puissant et Souverain (Ezéchiel 8:3, 11:1; Actes 8:39, 40).

Leçon 6 - Le Saint-Esprit et l'adoration

8:9) et "Esprit du Fils" (Galates 6:4). Il s'agit d'un seul et même Esprit, la troisième personne de la Trinité divine comme l'explique René Pache "… pour les Écritures, l'Esprit Saint, l'Esprit de Dieu et l'Esprit du Christ sont une seule et unique personne" (1982:17).

Celui-ci est le même Esprit de Dieu et l'Esprit divin et éternel qui vivait en Jésus, le Christ, qui maintenant édifiait son église travaillant dans le cœur des fils de Dieu.

Ce que l'Esprit est et fait

Le Saint-Esprit travaille pour guider les fils de Dieu depuis leurs cœurs.

Jésus a annoncé qu'il avait le pouvoir d'envoyer le Saint-Esprit pour vivre dans le cœur des hommes et des femmes qui avaient cru en lui (Jean 16:7; 14:16-17).

Quand le Saint-Esprit demeure dans les enfants de Dieu (1 Jean 2:2) aussi le Père et le Fils demeurent (1 Jean 3:24). Le saint esprit demeure et soutient le disciple de Christ (Jean 4:14; 14:17).

CE QUE L'ESPRIT SAINT EST	CE QUE FAIT LE SAINT-ESPRIT
C'est une personne divine, tout comme que Dieu le Père et Dieu le Fils.	Il convainc de péché, de justice et de jugement du pécheur afin qu'il puisse venir au Sauveur (Jean 16:8-11, Romains 2:14, 15).
C'est le "sceau" qui distingue les enfants de Dieu (Ephésiens 1:33, 4:30 et 2 Corinthiens 1:22).	Habite dans les vrais croyants du moment où ils acceptent Christ comme Sauveur et Seigneur, qui deviens le temple de l'Esprit-Saint (Romains 8:9-11; 1 Corinthiens 3:16, 17; 6:19; 2 Corinthiens 13:5, 6:16).
C'est l'eau de vie promise par Jésus (Jean 6:35; 7:38-39).	L'Esprit nous permet de devenir fils et filles de Dieu. C'est lui qui régènère le croyant, le baptise et l' "adopte" dans la famille de Dieu (Romains 8:15).
Ses qualités et attributs: "Bonté" (Néhémie 9:20), "Renseignement", "conseiller", "Connaissance" (Isaïe 11:2), "Sainteté" (Psaume 51:13), "de supplie" (Zacharie 12:10) et de "la crainte du Seigneur" (Isaïe 11:2).	Communique avec l'Esprit du chrétien (Jean 14:17, 20).
C'est un don de Dieu à ses enfants (Romains 6:23).	Il transmet la vie du Christ (Jean 4:14; 6:35; 10:10, Romains 8:2; Jean 6:63).

Les croyants doivent se méfier de : "mentir à l'Esprit" (Actes 5:3), "lui tenter" (Actes 5:9), "Lui résister" (Actes 7:51), "l'attrister" (Éphésiens 4:30), "l'outrager" (Hébreux 10:29), qui viennent à rejoindre et développer l'avertissement reçu du Seigneur du "blasphème contre lui" (Matthieu 12:31).

Pour l'étude de la plénitude de l'Esprit au sein de l'Église Primitive:

Chez les leaders :
Actes 8:4, 11:24, 13:9

Chez les diacres :
Actes 6:3, 7:55

Chez des groupes de disciples:
Actes 2:4

Une foule :
Actes 4:4

Le remplissage de l'Esprit

Dans l'Église primitive, être rempli de l'Esprit n'était pas une option mais une exigence (Hébreux 12:4 et Éphésiens 4:13). Soyez rempli de l'Esprit revient à être "plein de grâce" ou de plénitude spirituelle comme l'était Jésus qui est le Christ. Sans l'Esprit, le croyant peut être rempli de mauvaises qualités telles qu'être : la colère (Actes 19:28; Luc 4:28), l'irritation (Luc 6:11) ou l'envie (Actes 5:17; 13:45) entre autres.

Pierre prétend que ces perversions viennent de Satan et ne peuvent demeurer dans un cœur rempli de l'Esprit de Dieu (Actes 5:3, 13:9). Un cœur qui n'est pas rempli de l'Esprit vit enclin au mal. Paul encourage les Corinthiens à être remplis du Saint-Esprit. Stipule que bien qu'ils aient été baptisés et nés de l'Esprit, ils étaient comme des enfants, incapables d'assimiler et d'appliquer les questions spirituelles à leur vie plus profondément (1 Corinthiens 1:13; 6:9 et 3:1-3).

Les Galates, eux aussi, risquaient de s'écarter du vrai évangile et ruiner l'œuvre de Paul parmi eux parce qu'ils n'avaient pas été rempli de l'Esprit (Galates 3:27; 4:6; 1:6; 3:3 et 4:11).

Paul enseigne à l'église d'Éphèse que Dieu veut que les croyants de tous les âges soient remplis de l'Esprit (Éphésiens 5:18). Dieu cherche que nous soyons toujours remplis de son Esprit, comme l'affirme Jacques 5:4 : *"... L'Esprit qu'il a fait habiter en nous nous désire jalousement"* (VLS 1910), tout comme un père souhaite à ses enfants la plénitude de la santé et de force.

Comment le remplissage de l'Esprit est-il reçu?

Toute grâce reçue de Dieu requiert un cœur bien disposé. Afin que le Saint-Esprit puisse remplir une personne, il doit trouver quelques conditions de réceptivité énumérées ci-dessous:

1) Confession de tout péché conscient, puisque le péché empêche l'Esprit de remplir le cœur humain (1 Jean 1:9).

2) Désirer de tout cœur la plénitude de l'Esprit. Paul utilise la métaphore de l'eau et le soif pour illustrer que l'Esprit ne refuse pas de remplir un cœur qui le désire sincèrement (Éphésiens 5:18; Jean 7:37).

3) Abandon complet entre les mains de Dieu. Dans cet acte d'abandon envers Dieu accepte tout ce que nous sommes en offrande et nous reçoit comme nous sommes. Dieu veut que notre consentement pénètre toutes les parties de notre être pour les transformer et les purifier. Il ne s'attend pas que nous remettons le péché pour entrer, il veut entrer pour nous libérer du péché (Philippiens 2:13).

4) La plénitude de l'Esprit est reçue par la foi. Il est impératif de croire que Dieu accomplira sa promesse et remplira tout notre être (Jean

---

Certains passages qui affirment que Dieu sanctifie le croyant au moment là où il est rempli du Saint-Esprit sont:
Romains 15:16;
1 Corinthiens 6:11;
2 Thessaloniciens 2:13; et
1 Pierre 1:2.

Être rempli de l'Esprit n'implique que le croyant a plus du Saint-Esprit mais contrairement à il a plus du chrétien, qui ayant renoncé à donner la priorité à leurs désirs égoïstes, est entièrement mis à la disposition du Seigneur et qu'Il utilise ta vie selon ses objectifs.

Leçon 6 - Le Saint-Esprit et l'adoration

> "Si quelqu'un a soif, qu'il vienne à moi, et qu'il boive. Celui qui croit en moi, des fleuves d'eau vive couleront de son sein, comme dit l'Écriture. Il dit cela de l'Esprit que devaient recevoir ceux qui croiraient en lui; car l'Esprit n'était pas encore, parce que Jésus n'avait pas encore été glorifié."
> Jean 7:37-38.

4:14; 7:37-39). Cette foi doit être placée en Jésus qui est le Christ, pas en d'autres personnes ou en nous-mêmes et croire qu'Il sera présent chaque jour à travers l'Esprit.

5) En un instant (Actes 2:4; 4:31; 9:17). Le remplissage de l'Esprit n'est pas par mesure, ni par étapes progressives. Cependant, aussi l'Esprit remplit et conduit parfaitement d'une scène à l'autre. On peut affirmer que si cela arrivait progressivement, c'est que l'Esprit remplit le croyant de plus en plus, puisque son travail dans la vie mène à une livraison plus complète et parfaite à la volonté du Christ. Le chrétien a besoin de s'abandonner de plus en plus à Dieu chaque jour.

RÉSULTATS DU REMPLISSAGE DE L'ESPRIT	
Pureté intérieure	Matthieu 3:11,12; Luc 3:16,17; Jean 7:39; 15:3; 16:7; 17:7; 1 Corinthiens 3:13-15; Ephésiens 5:26
Perfection de l'amour	1 Corinthiens 13
Fruit de l'Esprit	Galates 5:16,17
Croissance constante	Romains 8:29; Ephésiens 4:13, 3:19; Jean 14:26, 7:38-39; 2 Timothée 1:7
Insuffle de la puissance pour le travail du ministère	Actes 1:29; 2:41; 7:55-56; 13:2-4; 16:6-8

Adorer Dieu en Esprit et en Vérité est d'expérimenter, dans la marche quotidienne, une rencontre avec l'Esprit du Dieu vivant.

Du remplissage de l'Esprit, le croyant expérimente la victoire progressiste sur le péché puisqu'il est libéré de la loi du péché et de la mort (Romains 8:2; 2 Corinthiens 3:17).

L'Esprit brûle toute impureté et produit des fruits divins (Galates 5:22). Cette purification interne rend l'extérieur convivial et enlève tout ce qui empêche la communion parfaite avec Dieu.

Une personne remplie peut être à nouveau remplie de l'Esprit. Pierre était rempli deux fois dans Actes 2:4 et 4:8 mais avait encore des préjugés qui devaient être nettoyés de son être (Actes 10:10-16). Paul lui reproche un échec dans Galates 2:11,14.

Même rempli de l'Esprit, Pierre était capable de pécher, de se repentir et de grandir comme résultat de cette expérience.

Luc raconte que les mêmes croyants qui ont été remplis dans Actes 2:4, ont été remplis dans Actes 4:31. Être à nouveau comblé est un besoin humain et ainsi le croyant se rapproche de plus en plus de la ressemblance du Christ.

La ressemblance parfaite du Christ ne sera possible que dans la gloire (1 Jean 3:2) qui révèle qu'il y a plus à recevoir de l'Esprit après la mort physique.

Dans les rencontres face à face avec Dieu dans le culte privé et public, le Saint-Esprit a la possibilité d'achever son œuvre dans notre durée de vie. En même temps, l'Esprit nous enseigne à adorer Dieu de tout cœur, de tout l'esprit et de toute la force, c'est-à-dire avec un cœur sincère dont l'amour envers Dieu est total et vrai.

Qu'avons-Nous Appris?

Le Saint-Esprit donne la capacité au chrétien dans son adoration. Le Saint-Esprit est celui qui donne la capacité au croyant et le motive à répondre à l'amour de Dieu par l'adoration à la fois individuel, en tant que communauté.

Des activités

Temps 20'

DES INSTRUCTIONS:

1. Quel est le rôle du Saint-Esprit dans l'adoration?
___
___
___

2. Expliquez pourquoi l'adorateur doit-il être rempli du Saint-Esprit.
___
___
___

3. Lequel des ministères exercés par le Saint-Esprit a été spécial pour votre vie et votre croissance chrétienne?
___
___
___

4. En groupes de trois ou quatre, les élèves répondent: Comment l'expérience du culte privé et communautaire vous a-t-il aidé à aimer Dieu davantage?
___
___
___

5. Complétez le tableau suivant en comparant les aspects de votre vie avant et après être devenu chrétien et après d'être rempli du Saint-Esprit. Ces aspects peuvent être des manières de penser, de parler ou d'agir.

Ma vie sans Christ	Ma vie chrétienne avant d'être rempli de l'Esprit	Ma vie remplie de l'Esprit

Leçon 7

L'ADMINISTRATION EN TANT QU'ACTE D'ADORATION

Les Objectifs

- Définir "administration".
- Comprendre l'administration en tant qu'acte d'adoration.
- Apprécier les dimensions de l'administration chrétienne.

Les Idées Principales

- Un administrateur est un administrateur des biens des autres personnes.
- L'administration chrétienne commence par la reconnaissance de Dieu comme propriétaire de tout ce que nous sommes et avons.
- La vie et les biens de l'administrateur royal sont placés au service de Jésus qui est le Christ.

Administrateur : Personne qui a comme responsabilité de gérer la maison et possessions d'autrui.

Introduction

L'administration est la traduction du mot grec oikonomia, composé de oiko, qui signifie maison, et nomos, qui signifie loi. Il fait donc référence à gérer une maison ou les affaires de la maison.

Dans les Évangiles, un oikonomos, ou intendant, est un esclave ou un serviteur auquel le maître confie la gestion de sa maison. "Qui est l'administrateur et prudent, que le Seigneur établira sur sa famille, afin qu'en son temps il leur donne ta ration?" (Luc 12:42). Le terme acquiert une signification spirituelle lorsque Jésus l'utilise comme métaphore pour décrire la façon dont une personne gère toute sa vie en ayant à rendre compte devant son Dieu.

Dans les épîtres pauliniennes oikonomia est utilisé par Paul pour définir sa commission en tant que prédicateur de l'Évangile (1 Corinthiens 9:17). Il parle de lui-même comme intendant de la grâce de Dieu (Éphésiens 3:2) et des mystères de Dieu (1 Corinthiens 4:1).

L'une des responsabilités que Dieu a confiées aux dirigeants de l'église consiste à enseigner aux croyants à reconnaître Dieu en tant que Créateur et Rédempteur de toute leur vie. Cette reconnaissance doit se manifester dans un saint souci de tout ce que Dieu met dans ses mains. L'administration est le résultat final d'une prise de conscience totale de la réalité que tout ce que nous sommes et avons nous a été donné par un Dieu généreux pour que nous l'administrions avec sagesse et que nous partageons généreusement.

La signification de l'administration

Dans cette section, nous allons apprendre les trois concepts inclus dans l'administration.

Il y a trois principes de base inclus dans le concept d'administration. Tout d'abord, le terme implique l'existence d'un possesseur ou d'un propriétaire. Jésus a rappelé à plusieurs reprises à ses disciples que Dieu n'est pas seulement le créateur et pourvoyeur, mais aussi propriétaire de tout ce qui existe. Des siècles auparavant, le psalmiste avait déjà déclaré : "A l'Éternel, la terre et ce qu'elle renferme, le monde et ceux qui l'habitent" (Psaume 24 : 1 VLS). Les apôtres aussi ont souligné que tout était la propriété de Dieu. Dans Actes 4:32, il est dit, "aucun prétendait être le sien, rien de ce qu'il possédait". La vie entière est un don de Dieu. Il est le créateur et le fournisseur de tout ce que l'homme possède.

Deuxièmement, s'il est tenu pour acquis que Dieu possède toutes les choses, alors en tant que tel il a plein droit de désigner les hommes et les femmes en tant qu'administrateurs (trices) ou intendants (es).

Le troisième principe est la nécessité pour l'intendant de rendre compte au Créateur de l'usage qu'il en a donné à tout ce qui lui a été confié.

En conclusion, être administrateur, c'est avoir reçu un certain dépôt en fiducie pour le bien gérer. Pour le chrétien, l'administration signifie que tout ce que nous avons, nous le recevons de Dieu pour une bonne administration et qu'un jour nous devrons être tenus responsables de comment nous avons géré ce que nous avons reçu.

La plupart des gens pensent que l'intendance a à voir avec de l'argent et des biens, car il est évident que nous avons une responsabilité non seulement envers Dieu, mais aussi envers nos semblables concernant la façon dont nous utilisons ces biens. De très peu seraient en contradiction avec l'idée que l'on peut juger le caractère des gens par l'usage qu'il fait de ce qu'il possède, et surtout par la manière dont qu'il utilise son argent.

Mais qu'est-ce que l'argent? Il ne fait aucun doute que l'argent est un symbole de quelque chose d'autre. C'est aussi un symbole de travail. La plus grande partie de l'argent circulant doit son existence au fait que divers emplois ont été exécutés. De tels symboles du travail humain sont reconnus dans les magasins. Là, ils sont échangés contre d'autres symboles du travail, comme peut-être le pain. Mais qu'est-ce que le pain? C'est le symbole du travail d'un autre homme, d'un agriculteur ou d'un boulanger. Nous devons alors faire un pas de plus et nous demandons qu'est-ce que le travail? Le travail prend du temps. C'est ainsi que nous pouvons affirmer que le travail est temps.

Quand on parle d'administration de l'argent, on parle alors en fait de la gestion du temps. Les croyants doivent être des bons administrateurs, ils doivent consacrer leurs biens, leur temps et leur vie entière à Dieu. C'est la voie que Jésus a enseignée pour un style de vie victorieux.

> Pour le chrétien, l'administration signifie que tout ce que nous avons, nous le recevons de Dieu pour une bonne gestion et qu'un jour nous devrons rendre compte de la façon dont nous avons administré ce que nous avons reçu de Lui.

> *Nous pouvons et devons tous servir dans l'église. Notre plus grand talent est notre propre vie.*

Administration du temps

Comment le chrétien doit-il gérer son temps?

Lorsque les croyants découvrent que leur temps et leurs talents sont prêtés par Dieu, ils devraient inévitablement se demander : comment puis-je utiliser au mieux mon temps pour le bien de l'œuvre de Dieu dans le monde?

Leçon 7 - L'administration en tant qu'acte d'adoration

Nous devons apprendre à mesurer le temps avec la valeur qui a, considérant qu'une fois passé, cela ne peut pas se récupérer.

Luis pense qu'ayant peu de biens de ce monde, l'administration n'est un problème qui devrait le préoccuper. Il n'a pas beaucoup de biens et manière dont il doit se départir du peu d'argent qu'il n'a certainement pas représenté un problème pour lui. Le peu qu'il gagne est rapidement consommé les besoins fondamentaux de la famille et il reste peu à donner à des autres ou pour l'église. Cependant, Luis a tort dans sa façon de comprendre l'intendance.

Luis a la même opportunité de donner que les autres personnes qui ont la même quantité de temps que tout le monde, que ce soit s'ils sont pauvres ou riches. Dieu nous a donné la vie et la vie est faite de temps.

Non seulement les huit heures de travail dans lesquelles nous gagnons de l'argent, elles sont précieuses. Tout le reste de la journée est un bien que nous recevons de Dieu à administrer.

Il y a ceux qui pensent à la gestion du temps en termes de nombre d'heures qu'ils consacrent au travail de l'église, le montant qu'ils consacrent à la vie sociale, au travail, à la famille, etc. Ceci est important, sans aucun doute, mais l'administration du temps est plus que donner une partie de "notre" temps pour servir Dieu. La gestion du temps se mesure non dans son extension mais dans sa profondeur ; c'est-à-dire pas selon sa quantité, mais sa qualité. L'utilisation de notre temps doit avoir un ordre correct de priorités. Ces priorités ont été établies par Dieu.

Par exemple : Il n'est pas correct de consacrer autant de temps à l'œuvre de Dieu que nous négligeons notre famille et notre santé. Il n'est pas non plus correct de consacrer la récréation depuis si longtemps que nous négligeons la propreté et l'ordre dans notre foyer. Il n'est pas non plus correct de passer beaucoup de temps à travailler avec le désir d'accumuler de l'argent pour acquérir des choses qui ne sont pas essentielles et ne pas donner le temps pour servir Dieu. En d'autres termes, il est très important de trouver le bon équilibre dans la gestion du temps, afin d'accorder une attention appropriée à toutes responsabilités selon l'ordre des priorités que Dieu a établi.

La répartition du temps doit également être adaptée en fonction des différentes étapes que nous traversons dans la vie.

La vérité est que ce qui est important pour Dieu n'est pas combien de temps nous vivons, mais ce que nous faisons de notre temps de notre vivant. Doit apprendre à mesurer le temps avec la valeur qu'il a, considérant qu'une fois dépensé, il ne peut plus être récupéré. De nombreuses activités dans lesquelles les chrétiens passent beaucoup de temps à regarder la télévision, à jouer les jeux vidéo et autres sont inutiles, ils ne fournissent pas de santé, ou d'argent, ou des relations, ni servir Dieu, ni partager l'amour du Christ avec les autres.

Les chrétiens doivent apprendre à être plus responsables dans l'utilisation de notre temps dans des activités qui glorifient Dieu.

Administration des capacités

Nous avons tous des capacités uniques que Dieu nous donne pour servir les autres.

Certains pensent que les seuls responsables pour servir dans l'église sont ceux qui ont des talents ou des dons spéciaux exceptionnels. En général, les gens admirent et même "envient" ceux qui ont des dons de musique, de prédication ou de leadership. Mais ce n'est pas correct penser que certaines capacités sont plus importantes que des autres. Pour Dieu, il n y a aucune personne avec des talents spéciaux et des gens "ordinaires". Nous avons tous été bénis avec des qualités précieuses pour servir Dieu et les autres.

Nous pouvons et devons tous servir dans l'église. Notre plus grand talent c'est notre propre vie. Par exemple, nous avons tous tiré des leçons précieuses de notre propre expérience de vie, de notre marche quotidienne avec le Christ, de nos pasteurs et enseignants au sein de l'église et nous pouvons offrir cette connaissance à Dieu et la mettre au service des autres. Encore des expériences d'une vie difficile comme des épreuves ou des expériences douloureuses peut être transformée en un outil de bénédiction pour la vie des autres personnes qui vivent des situations similaires.

Chaque chrétien et chaque chrétienne possède des capacités uniques qui lui ont été données par Dieu pour accomplir une mission spécial et unique dans son royaume.

Leçon 7 - L'administration en tant qu'acte d'adoration

Chaque chrétien a des capacités uniques qui lui ont été données par Dieu pour accomplir un dessein spécial et sans précédent dans son royaume. Dieu veut que nous soyons de bons intendants de nos dons et de nos capacités, pour accomplir sa volonté et son dessein sur terre. Personne ne peut prendre notre place dans cette tâche. Dieu veut avoir toute notre vie pour bénir les autres.

L'administration et les possessions

Dans cette section de la leçon, nous verrons la valeur de l'honnête dans l'administration.

Pour l'étude des enseignements de Jésus sur l'utilisation de l'argent:
Matthieu 6:24
Marc 12:41-43
Marc 12:16
Luc 12:59
Luc 14:28-30
Luc 21:2
Jean 6:1-13

Le Seigneur a parlé librement des biens et de l'argent. Au Matthieu 6:24 Jésus a enseigné que l'amour de la richesse n'est pas compatible avec la vie chrétienne. Il savait que l'argent et les biens représentent notre effort, l'énergie, le temps et le talent et que lorsque nous partageons ce que nous avons réalisé avec notre travail, nous donnons une partie de nous-mêmes à eux-mêmes. Au contraire, quand nous sommes égoïstes avec nos biens que nous refusons de nous donner.

Dans notre société, l'argent représente le pouvoir, le prestige et la sécurité. L'argent et les biens peuvent facilement devenir l'objet de notre amour et notre attention. Une attitude incorrecte envers l'argent peut transformer facilement en une maladie spirituelle.

Dans notre vie, le matériel et le spirituel sont inséparables. Nous sommes tous des êtres matériels, faits de chair et d'os, mais aussi spirituels. Chacun de ces domaines est interdépendant et affecte l'autre. Jésus qui est le Christ veut être le Seigneur de toute vie, y compris notre argent, nos biens, notre corps, notre esprit et notre coeur. C'est pourquoi le Seigneur se soucie de la façon dont nous gagnons, utilisons et partageons nos argents.

Dieu exige que tous nos biens matériaux soient sous sa seigneurie. Ceci signifie que Dieu peut utiliser ou demander dans n'importe quand n'importe quelle chose que nous avons pour l'utilisation dans son œuvre.

Dieu exige que tous nos biens matériels soient sous son tutelle. Cela signifie que Dieu peut utiliser ou demander à tout moment tout ce que nous devons utiliser dans son travail. L'honnêteté est une exigence importante de bons administrateurs. Si nous disons avec notre bouche que Dieu est notre Seigneur, mais nous ne lui donnons pas à cent pour cent de tout ce que nous sommes et avons, nous sommes des menteurs. La qualité de notre vie spirituelle dépendra de la façon dont nous adorons Dieu avec toute notre vie, étant fidèles dans l'administration de nos ressources matériaux.

La dîme comme acte essentiel d'administration

Ensuite, nous connaîtrons la signification de la dîme en tant qu'acte de fidélité.

La "dîme" signifie donner à Dieu dix pour cent de tous les gains matériels qu'un chrétien reçoit à la suite de son travail, succession ou investissements.

La première mention de la dîme dans la Bible se trouve dans l'histoire d'Abraham, qui donna ses dîmes au sacrificateur Melchisédech (Genèse 14:17-20). L'action de grâce était ce qui a motivé Jacob dans son serment à offrir à Dieu la dîme de ses biens (Genèse 28:20-22).

Plus tard dans l'histoire d'Israël, la dîme a été établie comme une offrande d'action de grâce qui a été présentée à Dieu librement par les bénédictions reçues, au lieu d'être une obligation ou un tribut. Cependant, la dîme n'était pas la seule chose que les Juifs donnaient à Dieu de leur richesse. Ils offraient les premiers moutons ou chèvres nés de leurs troupeaux et les premiers fruits des récoltes. Ces biens étaient apportés au temple et remis aux prêtres.

Les membres des églises chrétiennes ont continué cette pratique jusqu'à aujourd'hui et de cette manière, nous tous qui faisons partie de la famille de Dieu avons le privilège de contribuer à l'extension de son royaume sur cette terre.

Ceux d'entre nous qui font partie de la famille de Dieu, nous avons le privilège de contribuer notre argent et nos marchandises dans la mesure de son royaume sur cette terre.

QU'AVONS-NOUS APPRIS?

Tous les chrétiens doivent apprendre à être des administrateurs fidèles de leurs temps, de leurs capacités et de leurs biens. Avoir le Christ comme Seigneur implique de le reconnaître comme le propriétaire total et absolu de toute notre vie et le démontrer dans la manière dont nous la gérons en donnant gloire et adoration à Dieu avec tout ce que nous avons et tout ce que nous faisons.

Des activités

DES INSTRUCTIONS:

1. Écrivez votre propre définition concernant l'administration.
   _____
   _____
   _____
   _____

2. Nommez trois qualités de bons administrateurs.
   _____
   _____
   _____

3. Quels changements devez-vous apporter dans votre vie à partir d'aujourd'hui pour être un meilleur administrateur?
   _____
   _____
   _____
   _____

4. Faites la liste des domaines de votre vie pour lesquels vous êtes responsable de la gestion de votre esprit pour Dieu.
   _____
   _____
   _____
   _____

5. En groupes de trois ou quatre, expliquez la relation entre l'administration et l'adoration.
   _____
   _____
   _____
   _____
   _____

Leçon 8

FONDATIONS CULTURELLES DE L'ADORATION

Les Objectifs

- Étudier les fondements culturels de l'adoration
- Analyser certaines caractéristiques de la postmodernité.
- Connaître la relation qui a la culture avec l'adoration.

Les Idées Principales

- L'adoration est un outil puissant pour transformer la culture, pour sa signification et ses principes spirituels.
- Jésus a défié les modèles culturels de sa communauté.
- L'Église est appelée à être un agent de changement et de transformation.

Introduction

L'histoire de l'Église révèle qu'il existe une variété de façons dont les gens expriment leur foi. C'est parce que la façon d'exprimer l'adoration est conditionnée par la situation historique et le contexte culturel du croyant. Chaque culture a adopté ses propres formes de culte, selon des formes et des styles particuliers. C'est une erreur de prétendre qu'une forme d'expression liturgique est la même dans tous les contextes socioculturels. Il est nécessaire que l'Église, dans l'accomplissement de sa tâche missionnaire, comprenne que les expériences quotidiennes et les conditions psychosociales d'une culture, affectent profondément la façon dont leurs membres comprennent et expriment la foi.

Lorsque le Christ, le divin Fils de Dieu, s'est incarné sous forme humaine, il est né dans le noyau d'une famille juive et s'est adapté à vivre au sein de cette culture. L'église en tant que corps vivant du Christ sert dans différentes cultures, et en tant que tel, incarne la mission du Christ et représente la continuation du ministère du Seigneur sur la terre. C'est-à-dire que l'Église est appelée à être agent de changement et de transformation dans la communauté où il se trouve et, pour cela, il doit s'adapter à vivre et à communiquer l'Évangile selon le style de cette culture. C'est ce qu'on appelle la "contextualisation."

*La Culture
c'est cet ensemble des échantillons, commun à un groupe déterminé de personnes, sur lequel sont organisée la vie humaine et la société.*

La culture et ses formes

Toutes les cultures ont des formes de comportement acceptées et non acceptées.

La culture est cet ensemble de modèles, communs à un groupe déterminé de personnes, sur lesquelles la vie humaine est organisée et société. Ces modèles sont considérés comme "normaux" pour ce groupe. Par exemple, il est normal que certaines cultures se saluent par un baiser, tandis que dans des autres, ils se saluent avec une poignée de main ou un arc. Les comportements spécifiques d'une culture sont appelés "normes", et ils fournissent les critères d'évaluation pour savoir si le comportement est "normal" ou "anormal". Un comportement inattendu en dehors de ces normes, cela détériore les relations et diminue la confiance entre les gens.

*La Culture
décrit l'identité d'un groupe de gens.*

Les gens dans une culture ont tendance à se fermer à des comportements ou à des éléments qui leur semblent nouveaux, car ils menacent leur mode de vie et leur sécurité. Cela peut être observé lorsqu'un groupe de personnes adorent Dieu en utilisant des moyens et des formes qui leur sont familiers et avec lesquels ils se sentent à l'aise, tandis que pour des autres, ils peuvent être choquants et irrespectueux.

La culture décrit également les rôles des personnes, tels que ce qu'on attend d'un homme et d'une femme. Dans une société, ils peuvent de nombreux rôles apparaissent selon les fonctions et les capacités. Lorsqu'une société est organisée de manière à accorder à un groupe d'individus ou familles certains avantages par rapport aux autres, on peut facilement abandonner les concepts de justice et d'égalité pour tous. Tout comme Jésus a dénoncé les classes sociales et politiques de son temps qui opprimaient les plus pauvres, les églises, doit communiquer et promouvoir la justice de Dieu parmi les peuples de la terre.

Comment l'église doit-elle vivre dans la culture?

L'église est appelée à s'incarner dans la culture et à la transformer en amour de Dieu.

Jésus a accepté certains éléments de la culture, mais a rejeté ceux qui étaient en conflit avec le royaume de Dieu. L'apôtre Paul déclare que le Christ s'est vidé, prenant la forme d'un serviteur, et dans cette condition il s'est humilié, devenant obéissant jusqu'à la mort (Philippiens 2: 7-8). Qu'est-ce que cela signifie pour nous? Cela signifie que nous avons été mis par Dieu dans le monde pour accomplir une mission "incarnée" de nous incorporer dans la culture comme une continuation du ministère du Christ. Le chrétien est exposé aux mêmes tentations que les autres, il expérimente les forces et les faiblesses de la culture où vivre, mais profiter des bienfaits procurés par la communion avec le Christ, qui donne la force pour résister à la puissance du malin.

Lorsque les chrétiens s'isolent de la société, ils ne sont pas en mesure d'aider les autres à trouver la liberté (Jean 8 : 31-32). Le plan de Dieu n'est pas nous retirer du monde, mais nous envoyer dans le monde pour révéler sa sainteté et que le monde le connaisse (Jean 17 : 14-18). Le but du chrétien est de montrer comment la vérité et l'amour de Dieu peuvent changer une société d'oppression et l'injustice, car les sociétés se transforment lorsque les individus sont vraiment restaurés par la puissance de Dieu.

Quelles sont les valeurs culturelles?

L'église doit vivre selon les valeurs du royaume de Dieu.

Les valeurs d'une culture sont les objectifs positifs et valables qui bougent et ils motivent le comportement des gens. Les valeurs partagées

Ça s'appelle "l'acculturation" au processus lorsque les gens d'une culture de faire des ajustements pour s'adapter à une nouvelle influence ou modèle culturel. Par exemple, l'adaptation à l'utilisation de nouvelles technologies telles que la téléphonie cellulaire.

aident le groupe engager un dialogue en cas de problème et trouver des solutions ensemble. Le concept de bonheur repose en grande partie sur le fait de vivre selon les valeurs que la société lui impose.

Les valeurs peuvent être placées dans des différentes catégories, par exemple.

Des exemples de catégories qui font plus d'évidence les modèles culturels :
– La parenté et progéniture.
– Sexe, mariage et famille.
– Moyens de subsistance.
– Le système économique.
– Le langage.
– Des moyens de la communication.
– L'organisation politique.
– Célébrations nationales.
– Expression artistique.
– Maladie et guérison
– Les croyances religieuses: le comportement et symbolisme.
– Les symboles de richesse et de pouvoir.

Valeurs Maximales (ceux qui donnent signification a l'être)	**Valeurs Stratégiques** (ceux qui permettent coexistence)
Amour	Honnêteté
Estime de soi	Famille
Santé	Affection
Félicité	Impartialité
Liberté	La créativité
Sagesse	Fidélité
Camaraderie	La flexibilité
Atteinte des objectifs	Stabilité
Paix	Tolérance
Un Service	Autonomie
	Pardon
	Compétence
	Connaissance
	Initiative
	Raison

Les valeurs d'une culture se reflètent dans sa compréhension de l'Évangile et dans leur culte. En même temps, l'évangile est un outil puissant pour transformer la culture, puisqu'elle propose un style de vie "contre-culture", c'est-à-dire qu'elle remet en question tout ce que la culture enseigne et pratique contraire à l'Évangile de Jésus qui est le Christ.

Les chrétiens doivent passer la culture au crible des valeurs du royaume de Dieu et ainsi identifier ces aspects pécheurs d'elle. Par exemple, dans les pays gouvernés par des économies capitalistes, il y a la tendance à accumuler des biens, mais Jésus a enseigné qu'il ne faut pas être esclaves de la richesse, mais partager de manière volontaire avec les autres ce que nous avons, tout comme l'église primitive pratiquait : "Tous ceux qui croyaient étaient dans le même lieu, et ils avaient tout en commun. Ils vendaient leurs propriétés et leurs biens, et ils en partageaient le produit entre tous, selon les besoins de chacun" (Actes 2 : 44-45).

L'église dans sa tâche missionnaire, doit promouvoir avec sa vie et son message les valeurs du royaume de Dieu telles que l'amour, la justice, la paix et la participation dans le processus de restauration de l'être humain à l'image et à la ressemblance de Dieu (Ephésiens 4: 11-15).

Quelle est la relation entre culte et culture?

Dans le culte chrétien, l'expression du culte se présente sous diverses formes culturelles.

Le culte chrétien est dynamiquement lié à la culture dans au moins quatre manières : Premièrement, le culte est interculturel parce que des aspects qui se produisent dans l'église de toutes les cultures tels que: le baptême, la cène du Seigneur, la proclamation de la parole, la lecture biblique, chants et prières, et que le peuple de Dieu soit envoyé dans le monde en mission. Ces aspects forment la base d'une "culture de l'Évangile" commun, et en même temps unique, qui unit tous les chrétiens. Deuxièmement, c'est contextuel car dans chaque culture le culte a sa forme et son sens d'expressions uniques, résultant en une riche diversité d'expressions dans le culte.

Troisièmement, c'est la contre-culture, parce qu'elle reconnaît que certains éléments de chaque culture dans le monde est pécheresse, déshumanisante et contraire aux valeurs et aux principes de l'évangile. Défis de la foi chrétienne et du culte à tous les types d'oppression, d'inégalité et d'injustice partout où ceux-ci existent. Quatrièmement, il est interculturel, car il reconnaît que les chrétiens de diverses cultures partagent des éléments similaires de renforcement du culte leur unité par le Christ. L'expérience interculturelle peut atteindre enrichir le culte dans n'importe quelle église locale.

Les valeurs culturelles nous aident à comprendre la "langue" de notre cœur. C'est important de garder à l'esprit que Dieu comprenne notre culture, nous parle dans notre langue et est apprécié dans la variété de formes d'expression que nous préférons de l'adorer.

La Culture et les ministres de la louange

La culture post-moderne installe le culte à l'image.

Quand la culture du monde est examinée et ses influences sur ceux qui conduit le culte chrétien, il y a une forte tentation à l'égoïsme et égocentrisme. Le "culte de l'image" ou la "culture de la figure" qui prévaut dans le contexte, il essaie d'élever la personne qui chante ou dirige, comme le plus important du culte. Parfois, il peut arriver qu'il y ait de la "musique" dans l'adoration, mais il n'y a pas d'adoration.

Il est important que ceux qui dirigent le culte dans leurs églises comprenne que le leader chrétien est d'abord un ministre, puis un musicien; pas l'inverse. C'est-à-dire que les musiciens servent Dieu et la congrégation accompagnant de musique la communication du peuple racheté avec son Dieu.

Que veut dire le verbe "diriger"?
Apporter un soutien à quelqu'un dans quelque chose. C'est un synonyme d'assister, aider, mettre en préparation et assister.

Leçon 8 - Fondations culturelles de l'adoration

Un adorateur doit être un ministre, avec le regard fixé sur Dieu et avec la volonté de servir à la congrégation. Le ministère devrait inclure une préparation, capacité et surtout, le soutien de Dieu.

La musique peut fournir un environnement propice, le rendant plus facile pour les croyants, exprimant leur adoration envers Dieu. Mais l'adoration n'est pas dans la musique. Il est en d'autres termes, la musique elle-même n'est pas l'équivalent de l'adoration, ni le seul moyen valable d'adorer Dieu.

C'est précisément ce manque de compréhension par lequel les musiciens se comportent comme des "artistes" et estiment que leur responsabilité est de donner un "Show" ou "animer la fête". C'est triste de voir comment dans certaines églises à la fin e joue la dernière chanson, les musiciens quittent le temple et ne participent pas au reste du culte d'adoration. C'est aussi triste quand les musiciens ne vont pas à l'école du dimanche, ils ne s'engagent pas dans l'évangélisation et le discipulat, ils ne s'engagent pas dans des autres ministères de service. Ces formes de comportement révèlent qu'ils ne se considèrent pas comme des ministres.

Les ministres de louange doivent être clairs sur leurs priorités:

- Plaire à Dieu en esprit et en vérité, c'est-à-dire être un adorateur authentique, avec les bonnes motivations et les bonnes attitudes.
- Être sensible à la direction du Saint-Esprit et être soumis à la direction de l'église.
- Diriger de manière que le Christ soit exalté, en mettant l'accent sur sa personne, se montrant humble et soumis à sa seigneurie.
- Mettre l'objectif dans lequel l'église est desservie, c'est-à-dire qu'elle reçoit la bénédiction selon ses besoins.

Une église qui transforme la culture

Une vraie église transforme son contexte.

John et Charles Wesley, sont nés à une époque de terribles de l'immoralité et la corruption sociale en Angleterre au XVIIIe siècle. Inspirés par le Saint-Esprit, ils ont développé une stratégie d'évangélisation et le discipulat qui ont changé l'histoire de l'Angleterre. Les Wesley savaient répondre aux problèmes des pécheurs auxquels la société est confrontée, tels que : l'esclavage, l'alcoolisme, l'exploitation au travail et dégradation morale, entre autres.

Chaque congrégation est en liberté de développer leurs cultes de la manière qu'elle considère la plus pratique pour les gens de leur culture, il n'y a aucun moyen unique pour adorer Dieu.

Pour John Wesley, le culte ne se terminait pas avec la liturgie mais elle a atteint sa plus grande expression dans sa mission. La stratégie du groupe des programmes de formation de disciples mis en œuvre par les Wesley, à condition que l'environnement pour l'accompagnement spirituel et la restauration. Des membres qui ont gagné de la victoire sur le péché, devenir des êtres humains productifs et contribuer à la restauration des pauvres et des opprimés.

Que peut faire l'église aujourd'hui face aux défis culturels? Dans la lettre aux Romains dit l'apôtre Paul : "Ne vous conformez pas aux siècles présents, mais soyez transformé par le renouvellement de l'intelligence, pour discerner quelle est la bonne volonté de Dieu, agréable et parfaite" (Romains 12 : 2).

L'accent de ce passage est sur la transformation et non sur le conformisme. Le chrétien ne doit pas s'accommoder des éléments pécheurs de la culture qui l'entoure, mais pour être un modèle de vie sainte.

L'église est une nouvelle nation, une nouvelle société portant des principes et des valeurs, avec sa propre culture rassemblée autour du Christ. Il ne se contente pas de promouvoir une façon de penser ou de croire, mais une nouvelle façon d'être au monde. L'église est appelée à influencer et transformer la société dans laquelle elle vive et adore. L'église a une mission spéciale : "former les nations", c'est-à-dire enseigner aux peuples du monde à vivre comme le Christ.

Les gens qui pratiquent l'adoration doivent avoir des cadeaux et un appel spécial de Dieu, en plus d'être formé pour ce ministère (1 Chroniques 25:1-8, Éphésiens 4:11).

Qu'avons-Nous Appris?

Les expressions de l'adoration sont appropriées et différentes des personnes de cultures différentes bien qu'il existe des éléments communs que tous les chrétiens du monde partagent et que l'on sait comme "culture évangélique". L'église du Christ a été appelée à vivre incarnée comme leur Seigneur parmi les nations pour enseigner les peuples du monde à vivre selon les principes et les valeurs du royaume de Dieu.

Leçon 8 - Fondations culturelles de l'adoration

Des activités

Temps 20'

DES INSTRUCTIONS :

1. Définissez la culture avec vos propres mots.
   _____
   _____
   _____
   _____
   _____

2. Identifiez et mentionnez certaines des valeurs les plus élevées et stratégiques présentes dans votre culture.
   _____
   _____
   _____
   _____
   _____

3. Mentionnez trois ou quatre aspects pécheurs présents dans la culture de votre contexte.
   _____
   _____
   _____
   _____

4. En paires, répondez aux questions suivantes :

   a) Dans quelle mesure, en tant qu'église, sommes-nous engagés à transformer notre société ?
   _____
   _____

   b) Que signifie être un vrai adorateur dans une culture comme la nôtre ?
   _____
   _____
   _____

Évaluation finale

COURS : L'ADORATION COMME STYLE DE VIE

Nom de l'étudiant/e: _____
Église ou centre où vous avez étudié: _____
District: _____
Enseignant/e du cours: _____
Date de cette évaluation: _____

1. Expliquez dans vos mots en quoi consiste un style de vie d'adoration.

_____
_____
_____
_____
_____

2. Mentionnez un sujet du cours ou de la leçon qui vous a été nouveau et utile. Expliquer le pourquoi.

_____
_____
_____
_____
_____
_____

3. Expliquez comment est-ce que ce cours vous a aidé à devenir un meilleur adorateur.

_____
_____
_____
_____
_____
_____

4. Qu'avez-vous appris dans la pratique ministérielle du cours?

_____
_____
_____
_____
_____

5. À votre avis, comment ce cours pourrait-il être amélioré?

_____
_____
_____
_____
_____

Bibliographie

Livres:

Guang Tapia, Alberto. Vers la pastorale paulinienne : Conférence à l'église de Corinthe. Thèse de Baccalauréat en théologie. San José Costa Rica. Séminaire biblique de l'Amérique Latine: Publications INDEF, 1975.

Gruden, Waine. Théologie systématique (Volume I). Miami, Floride : Editorial Vida, 2007.

Laporta, Josep. L'adoration de Dieu d'un point de vue biblique et cultuel, association de Ministres de l'Evangile de Catalogne, 2005.

Ridderbos Herman. La pensée de l'apôtre Paul. Théologie du Nouveau Testament.

Buenos Aires, Argentine : Éditions Certeza, 1979

Overman J. Le changement d'une société commence par un changement pour les chrétiens. États-Unis : La Bible Advocate Pres Grant.,sf.

Pache, René. La personne et l'œuvre du Saint-Esprit. Barcelone : Clie, 1982.

Sorge, Bob. Explorer le culte. Deerfield, Floride, États-Unis : Vida éditoriale, 1987.

Taylor, R.S. Grider J.K. et Taylor W.H. Dictionnaire théologique de balise. Kansas City : C.N.P, 1995.

Turnbull, Rodolfo G. (Ed) Dictionnaire de théologie pratique vénérable. Worchip, U.E. : Sous-comité. Littérature chrétienne, 1977.

Vine W .E. Le dictionnaire explicatif complet de Vine des mots de l'Ancien et du Nouveau Testament. Nasville, Tennessee, Groupe Nelson, 2007.

Journaux :

Héraut de la Sainteté. Arréola Freddy. Adorez Dieu dans la beauté de sa sainteté. En volume 55, numéro 3, 2001, p. 20-21. Maison d'édition nazaréenne, Kansas City, Missouri.

Héraut de la Sainteté. Cuxum, Rony. L'opinion d'un Nazaréen sur le culte. En volume 55, numéro 3, 2001, p. 12-13. Maison d'édition nazaréenne, Kansas City, Missouri.

Pages Web:

Charles-Albert. L'adoration, un mode de vie. Dans Blog avec un objectif : Jazon. Récupéré dans Mars 2010 à http://carlosalbertopaz.jazon.info/76

Warren, R. Le culte comme mode de vie. Publié dans le magazine Focus. Numéro 29.

Consulté le 5 mars 2009 sur http // www.webcristiano.net / home / index.asp

Sherman Daniel. L'adoration de Dieu. Consulté en avril 2010 sur http://www.losnavegantes.net

Stauffer S. Anita. (Ed) (1996). Déclaration de Nairobi sur le culte et la culture dans le culte du Chrétien : Unité dans la diversité chrétienne. Minneapolis, États-Unis : Augsburg Forsrtres,

Fédération luthérienne mondiale. Consulté en février 2010 à http://www.worship.ca/docs/lwf_ns.html

www.ingramcontent.com/pod-product-compliance
Lightning Source LLC
Chambersburg PA
CBHW081019040426
42444CB00014B/3273